Le petit livre
du grand Jubilé

Georges Madore

Le petit livre du grand Jubilé

*Comprendre et vivre
le Jubilé de l'An 2000*

MÉDIASPAUL

Les Éditions Médiaspaul remercient le ministère du Patrimoine canadien, le Conseil des Arts du Canada et la Société de développement des entreprises culturelles du Québec (SODEC) pour le soutien qui leur est accordé dans le cadre des Programmes d'aide à l'édition.

Données de catalogage avant publication (Canada)

Madore, Georges

Le petit livre du grand Jubilé: comprendre et vivre le Jubilé de l'An 2000

ISBN 2-89420-394-2

1. Jésus Christ — Nativité — Anniversaires. 2. Années sainte, 2000. 3. Fêtes de l'An 2000. I. Titre.

BT590.A55M32 1999   232.92'1   C99-941664-2

Composition et mise en page: *Médiaspaul*

Maquette de la couverture: *Summum*

ISBN 2-89420-394-2

Dépôt légal — 4ᵉ trimestre 1999
Bibliothèque nationale du Québec
Bibliothèque nationale du Canada

© 1999   Médiaspaul
3965, boul. Henri-Bourassa Est
Montréal, QC, H1H 1L1 (Canada)
www.mediaspaul.qc.ca
mediaspaul@mediaspaul.qc.ca

Médiaspaul
8, rue Madame
75006 Paris (France)

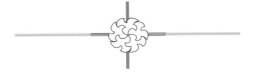

Présentation

Le millénaire n'aura de nouveauté que celle que nous y mettrons! En effet, qu'est-ce que le temps, sinon des pages blanches où la liberté humaine écrit, dessine, rature...

C'est afin d'aider toute personne désirant accueillir dans son temps la nouveauté qui a bouleversé le cours du temps — celle du Christ Seigneur, naissant éternellement en Dieu, naissant dans notre temps de la Vierge Marie — que ces pages ont été écrites.

Merci à ceux et celles qui m'ont aidé dans ce travail:

- à ma très patiente collaboratrice, Louiselle, qui a vérifié et corrigé le texte,
- à mon confrère Odilon Demers pour la plupart des dessins dans ces pages,
- à mes amis pour leur collaboration, suggestions et remarques,
- à ceux et celles qui ont toléré mon absence pendant que je rédigeais,

- à Gilles Collicelli de Médiaspaul pour son initiative et son soutien,
- enfin, aux parents et amis qui m'aideront à faire de l'An 2000 une porte vers du neuf...

Georges Madore

Le pèlerin du Jubilé.
Estampe du XVIe siècle.

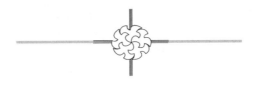

Chapitre 1

Pourquoi nous retrouvons-nous en l'An 2000?

Même si parfois nos agendas trop remplis nous exaspèrent, personne aujourd'hui ne voudrait ou ne pourrait vivre sans un bon calendrier, quelque ordinaire qu'il soit. Depuis l'origine des civilisations, l'être humain s'est mis à compter le temps. À la fois pour des raisons religieuses et économiques, il chercha une manière pratique de s'y retrouver dans le flot continu du temps.

1. LA LUNE OU LE SOLEIL?

Certains cycles naturels s'offraient à l'homme pour diviser le temps: les saisons, les cycles mensuels de la lune, le cycle annuel du soleil ou même celui des astres du ciel. Plusieurs sociétés bâtirent leur calendrier sur un cycle à la fois stable et très évident: celui de la lune. De nos jours les calendriers musulmans et juifs sont encore basés sur un cycle lunaire. Du côté de la chrétienté, seule la fête de Pâques a retenu quelque chose de ce cycle. Les premiers chrétiens, en effet, pour commémorer la mort et la résurrection du Christ, adoptèrent la manière juive de calculer la date de Pâques. Aujourd'hui encore, Pâques est fixée au dimanche immédiatement après la pleine lune qui suit l'équinoxe du printemps. Mais le calendrier lunaire présente un gros inconvénient. La lune met vingt-neuf ou trente jours à faire le tour de la terre. Son cycle annuel ne correspond donc pas à celui du soleil, lequel fixe les saisons, les semailles et les récoltes. Au cycle lunaire il faut donc toujours ajouter des jours ou des mois pour rattraper le soleil.

2. César et ses Grecs!

C'est ce problème que vivaient les Romains quand Jules César devint empereur. Lui qui avait conquis les Gaules décida donc de mieux contrôler le temps! Une réforme s'imposait dans le vieux calendrier romain basé sur un cycle lunaire compliqué que les autorités civiles devaient constamment ajuster — ajustement qui se faisait souvent à leur avantage politique! César fit appel aux meilleurs astronomes de son époque qui travaillèrent sous les directives d'un savant grec d'Alexandrie, Sosigène. Ce dernier suggéra trois modifications majeures qui permettaient d'avoir un calendrier plus stable:

1. Utiliser le cycle du soleil et non celui de la lune.
2. Comme le cycle solaire mesure un peu plus que 365 jours, Sosigène imagina de rattraper le retard par les années bissextiles. En effet, le soleil met 365 jours, 5 heures, 48 minutes et 45, 5 secondes pour faire un parcours complet d'un point à l'autre du ciel.

3. Comme les autorités de la ville (les Consuls) entraient en fonction en janvier, on décida de commencer l'année civile en janvier. Ce calendrier devint officiel en l'an 46 avant Jésus Christ (-46). Cependant, on continua à compter les années à partir de la date hypothétique de la fondation de Rome (-753) et on garda la suite des mois telle qu'elle existait auparavant dans le calendrier religieux. Voici donc en bref l'année telle qu'elle fut imaginée par Jules César et ses astronomes. On appelle cette ordonnance du temps le calendrier julien.

PREMIER MOIS: *martius* (de *Mars*, dieu de l'agriculture, devenu dieu de la guerre)

DEUXIÈME MOIS: *aprilis* (du verbe *aperire*: ouvrir, allusion à l'éclosion des plantes)

TROISIÈME MOIS: *maius* (de *Maia*, déesse romaine du printemps)

QUATRIÈME MOIS: *junius* (de *Juno*, déesse de la féminité)

CINQUIÈME MOIS: *quintilis* (renommé *Julius* en l'honneur de Jules César)

SIXIÈME MOIS: *sextilis* (renommé *Augustus* en l'honneur de l'empereur Auguste)

SEPTIÈME MOIS: *september* (de *septem*, sept)

HUITIÈME MOIS: *october* (de *octo*, huit)

NEUVIÈME MOIS: *november* (de *novem*, neuf)

DIXIÈME MOIS: *december* (de *decem*, dix)

ONZIÈME MOIS: *januarius* (*Janus*, dieu des portes et des seuils pour symboliser le début de la nouvelle administration civile)

DOUZIÈME MOIS: *februarius* (de *februa*: fête de purification et d'expiation à la fin de l'année religieuse).

3. Quand le Pape corrige César!

Décidément, rien n'est parfait. Malgré les savants calculs de Sosigène, le calendrier de César n'était pas complètement synchronisé avec le cycle du soleil. Il le dépassait de onze minutes et quatorze secondes par année. Pas grand-chose, direz-vous, sauf que cela s'additionne! Tellement que, quinze siècles plus tard, on était dix jours en avance sur le soleil. Cela créait des problèmes tant civils que religieux, si bien que le Concile de Trente demanda au Pape d'y voir. Ce qu'il fit! Le Pontife régnant, Grégoire XIII, convoqua donc des astronomes. Travaillant sous la directive de Christophe Clavus, ils arrivèrent à la conclusion qu'il fallait sauter d'abord dix jours pour ajuster le calendrier sur le cycle solaire. Voici donc ce que décréta le Pape dans sa bulle *Inter gravissimas* du 24 février 1582:

1. On saute dix jours en octobre 1582. (C'est ainsi que Thérèse d'Avila est morte dans la nuit du 4 au 15 octobre 1582!)

2. On corrige légèrement le nombre des années bissextiles: les années où le siècle change (1600, 1700, 2000) ne seront bissextiles que si leurs deux premiers chiffres sont divisibles par quatre. Ainsi, 1700 et 1800 ne seraient pas bissextiles, mais 1600 et 2000 le seront. De cette manière, le décalage par rapport au soleil est réduit à quelques secondes par année. «Il suffira, dirent les astronomes au Pape, que l'année 4000 ne soit pas bissextile pour se réajuster alors parfaitement sur le soleil.»

Le jour de l'An, c'est quand?

Un autre problème subsistait: à l'époque de Grégoire XIII, le début de l'année variait d'un pays à l'autre. En France et en Angleterre, l'année commençait le 25 mars. En Allemagne et dans plusieurs régions d'Italie, l'an nouveau commence le 25 décembre. Le Pape demanda à tous qu'on débute l'année le premier janvier. Plusieurs pays mirent du temps à accepter les corrections de la réforme grégorienne. Ainsi, l'Angleterre et ses colonies, préférant «être en désaccord avec le soleil plutôt que d'être d'accord avec le pape» ne l'adoptèrent qu'en 1752, la Russie en 1917, et la Grèce en 1923! Nous pouvons donc déjà conclure qu'à cause de toutes ces variantes d'un pays à l'autre, bien peu de gens fêtèrent le début de l'an 1000! Il nous reste un dernier point à clarifier: Pourquoi le nombre des années sera-t-il l'an prochain de 2000? Qui a décidé de compter les années de cette manière?

4. LES ÈRES DU TEMPS!

Bon, nous avons notre calendrier répartissant le cycle solaire à peu près également sur douze mois; nous nous entendons pour dire que l'année commence le premier janvier. Mais reste une question majeure: à partir de quand commence-t-on à compter? Où est l'année zéro ou un? Qui en décide? Il s'agit de la question de la fixation de l'ère (du latin *aeris* qui a signifié successivement bronze, monnaie, chiffre, époque). On peut définir ainsi l'ère: suite des années comptées à partir d'un point fixe dans le temps. Le nombre d'ères utilisé dans le passé est considérable. Dans l'antiquité, chaque peuple avait son point de départ pour compter les années, son ère à lui, et nul ne se souciait de l'accorder à celle des voisins! Ainsi, on comptait les années soit à partir d'un événement religieux ou militaire, soit le plus souvent avec le début du règne d'un souverain. C'est pourquoi l'évangéliste Luc écrit que le ministère de Jésus a commencé en «l'an 15 de l'empereur Tibère» (Luc 3, 1). Voici quelques-unes des ères les plus importantes:

1. *Ère de la création:*

   D'après le calcul de certains rabbins, cela correspondrait à l'an -3761!

2. *Ère des olympiades:*

   Cette ère remonte à -776, année où se tinrent les premiers jeux olympiques dans la ville grecque d'Olympie. Elle se répandit dans toute la Grèce. Comme les olympiades avaient lieu tous les quatre ans, on désignait l'année par deux chiffres: par exemple, cent vingt, deux, (CXX, II), voulait dire l'an deux de la cent vingtième olympiade. Les olympiades commençaient en juillet.

3. *Ère d'Espagne:*

   Utilisée en Afrique du Nord, dans le sud de la France, en Espagne et au Portugal jusqu'à la fin du XVIe siècle, cette ère prend son point de départ dans les années 30, époque où Auguste acheva la pacification de la péninsule ibérique.

4. *Ère de la fondation de Rome:*

   Elle débute en -753 et fut utilisée entre autres sur les monuments. On l'indiquait par les lettres A.U.C. ou A.U. (*Anno urbis conditae*).

5. *Ère de Dioclétien:*

Elle débute en l'an 284. Elle fut inventée par des savants égyptiens qui voulaient ainsi honorer l'empereur Dioclétien, lequel venait de pacifier la région. Le premier historien de l'Église, Eusèbe de Césarée, s'en servit dans ses travaux.

6. *Ère de l'Hégire:*

Utilisée aujourd'hui encore dans le monde musulman, cette ère débute en 622, année où Mahomet s'enfuit de La Mecque vers Médine.

Mais finalement, dans toutes ces manières de calculer les années, c'est l'ère dite chrétienne qui finit par s'imposer universellement. Quelle en est donc l'origine?

5. L'invention de l'ère chrétienne!

Situons-nous dans le temps. Comme l'ère chrétienne n'existe pas encore, disons que les événements suivants se sont passés en l'an 1280 de la fondation de Rome, ou 243 de l'ère dioclétienne (ne sortez pas vos calculettes: cela correspond à l'année 527 de notre ère). Venu de la lointaine Scythie (au nord de la mer Noire), un bon moine vit à Rome depuis une vingtaine d'années. Il s'appelle Denys; haut comme trois pommes, on l'appelle en bon latin Dionysius Exiguus, en français Denys le Petit. C'est un vrai rat de bibliothèque. Il fait les premières compilations des documents officiels de la religion chrétienne: lettres des Papes, décisions des Conciles, lois ecclésiales. Connaissant ses compétences, ses supérieurs confient à Denys la tâche suivante: établir la «Table de Pâques», c'est-à-dire calculer les dates de Pâques pour les prochains 95 ans. En effet, la dernière table établie par le moine d'Alexandrie Cyrille s'achevait. Denys se mit donc à l'ouvrage à partir des tables de Cyrille. En bon Égyptien, Cyrille calculait les années d'après l'ère de Dioclétien. Or, ce dernier n'était pas très populaire chez les chrétiens, puisqu'il avait déclenché la plus sévère persécution contre eux. Pourquoi nous, chrétiens, se demanda Denys, devrions-nous calculer le temps à partir d'un empereur qui a voulu nous détruire? Alors, de sa propre initiative, le bon moine décida d'inventer littéralement une ère nouvelle, une nouvelle manière de compter les années: il le fit à partir de la naissance de Jésus. Voilà ce qu'il écrivit dans l'introduction de ses tables pour se justifier:

APOCALYPSE ET MILLÉNARISME

Le chapitre 20 du livre de l'Apocalypse de Jean raconte une vision qui est comme un condensé de l'histoire de la lutte entre les forces du Bien et du Mal. Quatre épisodes sont décrits.

1. *Un ange venu du ciel enchaîne le Dragon («c'est le Diable, Satan») pour une période de 1000 ans (vv. 1-3).*

2. *Les martyrs, «ceux qui ont été décapités à cause du témoignage pour Jésus», règnent avec le Christ pendant mille ans (vv. 4-6).*

3. *«Quand les mille ans seront écoulés», un grand affrontement surviendra entre les forces du Bien et du Mal (vv. 7-10).*

4. *Apparaît «Celui qui siège sur le trône». Devant lui, tous les morts sont rassemblés. Enfin, la Mort elle-même et le séjour des morts sont détruits à jamais (vv. 11-15).*

Nous n'avons pas voulu introduire dans nos cycles d'années la mémoire d'un impie et d'un persécuteur. Nous avons choisi de noter le temps des années à partir de l'incarnation de notre Seigneur Jésus Christ: ainsi nous connaîtrons mieux les débuts de notre espérance. Et le principe de la restauration humaine, c'est-à-dire la passion de notre rédempteur, apparaîtra en meilleure clarté.

(*Epistolae duae de ratione Paschae*, PL, tome LXVII, col. 20)

Cette manière de compter les années se répandit d'abord en Angleterre sous l'impulsion de Bède le vénérable, puis dans le monde franc, enfin en Italie et en Allemagne. Charlemagne la rendit officielle dans son empire à la fin de 800,

APOCALYPSE ET MILLÉNARISME

QUE SIGNIFIE CETTE VISION?

Le millénarisme interprète de façon littérale le chiffre 1000. Ce chiffre veut donc vraiment dire 1000 ans. Depuis les débuts de l'Église, plusieurs se sont essayés à trouver à quelles époques historiques correspondent les mille ans. Aujourd'hui encore, surtout à l'approche de l'An 2000, bon nombre s'appuient là-dessus pour prédire toutes sortes de cataclysmes, et même la fin du monde.

Mais lire ainsi au pied de la lettre ce texte de l'Apocalypse, ce n'est ni connaître le genre littéraire dans lequel ce livre est écrit, ni le respecter. En effet, comme toutes les apocalypses, celle de Jean privilégie le langage symbolique. Pratiquement tout y est symbole: les objets (étoiles, flambeaux, pierres), les couleurs (le rouge, le blanc, le noir), les chiffres (6, 7, 12, 1000).

année de son sacre. Mais ce n'est vraiment qu'à partir de l'an 1000 que la papauté commença à s'en servir.

Ah, si mon moine savait compter!

Mais nous ne sommes pas au bout de nos peines. Tout compétent qu'il fut, le moine Denys se trompa légèrement dans ses calculs. Il se basa sur les indications assez approximatives de l'Évangile de Luc. Ce dernier nous donne les deux repères suivants:

1. Jésus est né à l'occasion d'un recensement alors que Quirinius était gouverneur de Syrie (Luc 2, 1).

Apocalypse et millénarisme

Ces symboles sont relativement faciles à décoder en se référant soit aux indications du texte lui-même, soit aux passages de l'Ancien Testament dont il s'inspire (surtout les livres de Daniel et d'Ézéchiel), soit enfin à d'autres écrits apocalyptiques de la même époque.

Ainsi, nous constatons que 1000 ans dans la Bible signifie souvent une très grande quantité. «À tes yeux, mille ans sont comme hier», dit le psalmiste (Psaume 89, 4). Dans la vision qu'il a de l'au-delà, le prophète Daniel parle des «mille milliers qui servaient devant l'Ancien» (Daniel 7, 10). Dans une apocalypse écrite à peu près à la même époque que celle de Jean, on décrit ainsi l'ère messianique: «La terre aussi donne ses fruits, 10 000 pour un, et sur une seule vigne, il y aura 10 000 rameaux et un rameau donnera 1000 grappes et une grappe donnera 1000 raisins et un raisin donnera un cor de vin.» (2 Baruch 29, 5)

➥

2. Jean-Baptiste commença son ministère en l'an 15 de l'empereur Tibère, époque où Jésus aurait eu «environ trente ans» (Luc 3, 1. 23).

Or, nous savons par l'historien Flavius Josèphe (+ 100) que le recensement de Quirinius eut lieu en l'an 6 après Jésus Christ! D'autre part, l'évangéliste Matthieu affirme que Jésus est né «au temps du roi Hérode le Grand» (Matthieu 2, 1), lequel a régné de -37 à -4! Il semble donc que Denys, prenant trop à la lettre les indications approximatives de Luc («environ 30 ans») et se trompant sur le début du règne de Tibère, ait fait erreur en fixant la date de la naissance du Christ: ce dernier serait né en fait 4 ou 6 ans avant l'ère chrétienne.

APOCALYPSE ET MILLÉNARISME

Le but de Jean n'est donc pas de nous révéler les détails de l'histoire à venir, mais plutôt d'encourager et soutenir des communautés aux prises avec des persécutions et des tensions. Il veut leur dire que le Christ a définitivement vaincu le Mal (enchaînement du Dragon) et que même les martyrs qui sont morts sont vivants et règnent avec le Christ pour toute la durée de l'histoire (symbolisée par les 1000 ans). À la fin, la Mort elle-même sera détruite.

(Ces quelques réflexions doivent beaucoup à un livre de Jean-Pierre Prévost que je ne puis que recommander à qui veut mieux saisir le climat et le message de l'Apocalypse: Pour lire l'Apocalypse, *Novalis-Cerf, 1991, 160 pages.)*

L'important, c'est le symbole

De toute façon, ce qui compte, c'est le sens qu'a voulu donner Denys à la nouvelle ère qu'il inventa. Pour lui, le Christ est vraiment le pivot de l'histoire humaine. C'est en lui que le temps s'emplit de la présence de Dieu; c'est en lui que l'histoire prend son sens et trouve son achèvement.

Il ne faudrait donc pas oublier au cours de l'An 2000 que cette date a d'abord un sens religieux. Elle ne renvoie ni à un grand homme politique, ni à une conquête militaire, ni à une découverte scientifique, ni à la décision d'un parlement universel. Elle renvoie à la naissance d'un homme en qui on a découvert le don que Dieu fait de lui-même au monde.

L'empereur Jules César (à gauche),
à qui l'on doit le calendrier julien,
et le pape Grégoire XIII,
qui corrigea le calendrier julien
pour l'ajuster au cycle solaire.

Chapitre 2

Plus qu'un millénaire: une année jubilaire!

En fait, on pourrait bien fêter en l'An 2000 simplement le deux millième anniversaire de la naissance de Jésus. Ce serait déjà beaucoup. Mais le Pape Jean-Paul II a voulu ajouter à cela une autre dimension qui vient d'une tradition plus récente: celle de l'année jubilaire. L'An 2000 peut pour plusieurs n'être qu'un événement profane. Mais l'année jubilaire n'a d'autre signification que religieuse. On pourrait dire que la date «2000» renvoie davantage au don de Dieu en Jésus (l'incarnation), tandis que la tradition jubilaire renvoie davantage à l'action des croyants désirant incarner dans le temps les exigences de justice et de liberté présentes dans la Bible. Essayons donc de voir maintenant l'origine de l'année jubilaire, son enracinement biblique, son développement dans le temps et le sens qu'a voulu lui donner Jean-Paul II.

1. L'année jubilaire dans l'Ancien Testament

Dieu est maître de la terre et du temps...

«Je suis Yahvé votre Dieu qui vous ai fait sortir du pays d'Égypte pour vous donner le pays de Canaan, pour être votre Dieu.» (Lv 25, 38) Cette affirmation revient comme un leit-motiv tout au long du Pentateuque. En effet, pour Israël, Dieu est le Maître absolu de la terre et du temps. C'est lui le Seigneur qui a décidé d'agir en faveur des descendants d'Abraham. C'est lui qui les a arrachés au pouvoir du Pharaon, qui les a rendus libres en traversant la mer Rouge, qui a chassé devant eux les habitants de Canaan pour donner cette terre à son peuple. Ces affirmations ont des conséquences concrètes qu'essaiera d'appliquer le peuple.

À l'origine de l'année jubilaire

Le texte suivant, tiré du Lévitique, (25, 10-43, passim) constitue le fondement biblique de l'année jubilaire.

L'année des cinquante ans sera pour vous une année sainte où vous proclamerez l'affranchissement pour tous les habitants dans le pays: ce sera pour vous le Jubilé. Chacun reprendra sa propriété, chacun retournera dans sa famille.

Cette cinquantième année sera pour vous un Jubilé. Vous ne sèmerez pas, vous ne moissonnerez pas le grain, vous ne récolterez pas sur la vigne non taillée, car c'est un Jubilé. Ce sera pour vous une année sainte, vous mangerez de ce que la terre produit naturellement.

L'année du Jubilé, chacun retournera dans sa propriété. Aussi, ne faites pas de tort à votre prochain, ni à la vente, ni à l'achat d'une propriété...

↪

... d'où, un projet de société juste

Dans les pays entourant Israël, la terre appartenait soit à un roi, soit à de riches propriétaires fonciers. La majorité de la population travaillant sur ces terres n'avait qu'un statut de serviteur ou d'esclave. Dès qu'Israël prit le contrôle du territoire de Canaan, il envisagea une autre manière de gérer la propriété foncière. D'abord, le droit à la propriété n'est pas un absolu. Il est soumis à deux droits plus radicaux:

1. le droit de Dieu, vrai propriétaire de la terre;
2. le droit du peuple à la liberté: on ne peut réduire à nouveau en esclavage ceux que Dieu a définitivement libérés pour être son peuple.

À L'ORIGINE DE L'ANNÉE JUBILAIRE

Si ton frère est dans la gêne et vend sa propriété, son plus proche parent pourra racheter ce que son frère a vendu... S'il ne trouve pas de quoi la racheter, la propriété restera vendue à celui qui l'a achetée jusqu'à l'année du Jubilé, mais à l'année du Jubilé, elle retournera entre les mains de son premier propriétaire...

Si ton frère qui est près de toi se trouve dans la gêne et se met à ton service, tu n'exigeras pas de lui un travail d'esclave. Il sera chez toi et te servira comme un salarié, comme un hôte jusqu'à l'année du Jubilé. Après quoi, il sortira de chez toi avec ses enfants et retournera dans sa famille; il rentrera dans la propriété de ses ancêtres. Car tous sont mes serviteurs que j'ai fait sortir du pays d'Égypte: on ne doit pas les vendre comme on vend des esclaves. Tu ne seras donc pas pour ton frère un maître, mais tu craindras ton Dieu.

Donc, en Israël la terre fut répartie entre les différents clans et familles selon les besoins de chacun. Tous devaient être des citoyens libres, ayant à leur disposition suffisamment de terre pour subvenir à leurs besoins.

Quand le système se détraque...

Mais voilà, on sait bien que les plus beaux projets de société résistent mal à la réalité. Même en Israël il y avait des malchanceux, victimes d'un feu, d'un vol, d'une sécheresse ou de la maladie. Il y avait aussi ceux qui avaient les deux pieds dans la même sandale, et qui ne savaient pas faire profiter leur propriété. Puis, évidemment, il y avait les petits futés qui voyaient la bonne affaire... Donc, souvent, des gens réduits à la pauvreté devaient vendre leur terre et même se vendre eux-mêmes comme esclaves à des plus riches. Et voilà le beau rêve défait; sauf que...

Vive le goël!

Sauf que, dans la loi, on avait prévu le coup! Parmi les institutions visant à rétablir l'ordre idéal de société, nous en retenons deux plus pertinentes à notre matière.

D'abord le «goël», littéralement le racheteur. La loi stipulait que lorsqu'un homme vendait sa propriété à des étrangers, son plus proche parent, père, frère, oncle, devait la racheter pour la garder dans le clan. C'est ce qu'on appelait le goël, le racheteur. On appliqua d'ailleurs cette image à Dieu, présenté comme le grand goël qui avait racheté son peuple de l'Égypte et, par l'Exode, lui avait redonné la liberté. Mais, là aussi, des abus devenaient possibles. Il se pouvait qu'un riche parent finisse par accaparer toutes les terres de ses parents plus pauvres.

Le Jubilé: un nouveau départ

C'est là qu'intervenait la loi de l'année jubilaire. Elle est décrite en détail au chapitre 25 du Lévitique. Voici comment elle fonctionnait. Au bout de sept semaines d'années (7 x 7 = 49), on entrait dans une année jubilaire. Celle-ci était inaugurée par la sonnerie du yobel (corne de bélier) le jour de la fête de l'expiation, en automne, qui était alors le début de la nouvelle année. Au cours de cette année jubilaire, trois lois devaient s'appliquer:

1. Tous ceux qui avaient dû se vendre comme esclaves recouvraient la liberté.

2. Tous ceux qui avaient perdu leur terre patrimoniale en redevenaient propriétaires.

3. Toute la terre devait se reposer, dans une sorte de «sabbat écologique». On ne devait faire ni semailles, ni récolte.

Ainsi, d'une part, on reconnaissait le domaine de Dieu sur le temps et sur la terre. D'autre part, on respectait son projet en permettant à chacun de retrouver la liberté que Dieu lui avait accordée par l'Exode et par le don de la terre. Enfin, on remettait les pendules à l'heure en corrigeant la centralisation trop grande des richesses et des terres et en permettant même aux plus pauvres de connaître un nouveau départ. Tels étaient essentiellement l'esprit et le fonctionnement de l'année jubilaire.

Le Jubilé: un rêve sans lendemain?

Mais il y a un problème, et de taille! Nulle part dans la Bible on ne peut voir l'application concrète des lois jubilaires. Et ce ne sont pas les occasions qui manquaient. Ainsi, au VIIIe siècle avant Jésus Christ, les prophètes Michée et Isaïe dénonçaient ceux qui accaparaient les terres des pauvres: «S'ils convoitent des champs, ils s'en emparent; des maisons, ils les prennent; ils saisissent le maître avec sa maison, l'homme avec son héritage. [...] Les femmes de mon peuple, vous les chassez des maisons qu'elles aimaient [...].» (Mi 2, 2.9; cf. aussi Isaïe 5, 8) Et, quelques siècles plus tard, Jérémie présentera la chute de Jérusalem comme une punition de Dieu envers son peuple qui refusait de rendre la liberté aux gens réduits à l'esclavage: «Vous ne m'avez pas obéi en libé-

JEUX D'UN MOT...

Étrange histoire que celle du mot jubilé!

— En hébreu, le mot employé dans le Lévitique est «yôbēl» qui signifie littéralement «bouc». De la corne du bouc, on fabriquait un instrument de musique, une trompe, qui servait à inaugurer les festivités. On appela donc aussi cet instrument «yôbēl». Par métonymie, le mot a fini par désigner la fête elle-même qu'on convoquait par le son du «yôbēl».

— Lorsque saint Jérôme traduisit l'Ancien Testament de l'hébreu au latin, il n'existait aucun mot correspondant à yôbēl. Il aurait pu en inventer un à partir de l'hébreu, comme

rant chacun son frère ou son prochain. Eh bien moi, je libérerai contre vous l'épée, la peste et la famine.» (Jr 34, 17)

De cela, faut-il conclure que le Jubilé ne fut qu'un rêve jamais réalisé? Certains auteurs le pensent. Mais d'autres sont plus nuancés dans leur position et affirment ce qui suit. S'inspirant du projet de Dieu et aussi de certaines politiques en cours au Moyen-Orient (libération de prisonniers à l'occasion d'un nouveau règne), Israël a pu appliquer les lois du Jubilé dans les premiers temps de son installation en Terre Sainte. On parle d'ailleurs dans certains livres d'une remise des dettes tous les sept ans (Dt 15, 1-11). Peut-être en fit-on un événement bi-séculaire pour rendre cette pratique plus réaliste! Puis, avec l'arrivée d'un pouvoir central fort et surtout avec les guerres, les invasions et tous les déracinements qui en découlèrent, la loi jubilaire devint pratiquement inap-

JEUX D'UN MOT...

«yobelum». Mais il connaissait un verbe latin utilisé dans les milieux ruraux: «jubilare» (prononcé «youbilaré») qui signifie «lancer des cris», peut-être du grec «'Ioú», cri de joie ou de surprise. Pour traduire yôbēl, Jérôme inventa donc un mot à partir de ce verbe, le mot jubilæus. Finalement, au XIVᵉ siècle, on francisa le mot latin pour avoir Jubilé et ses dérivés.

En arrondissant les coins, on pourrait donc dire que notre mot français est né d'un père hébreu qui sonnait du cor et d'une mère gréco-latine qui poussait des «youpis» sonores dans des moments de joie!

plicable. Mais elle garda toute sa valeur d'idéal et de symbole. Ainsi, de la même manière qu'on envisageait un nouvel exode pour les exilés qui pourraient revenir chez eux, ainsi on annonçait aux pauvres une année jubilaire décrétée par Dieu lui-même et qui rétablirait chacun dans sa liberté et sa dignité: «L'Esprit du Seigneur Yahvé est sur moi car Yahvé m'a donné l'onction; il m'a envoyé porter la nouvelle aux pauvres, panser les cœurs meurtris, annoncer aux captifs la libération et aux prisonniers la délivrance, proclamer une année sainte, une année jubilaire de la part de Yahvé.» (Es 61, 1-2)

2. JÉSUS INAUGURATEUR DE L'ANNÉE JUBILAIRE

Ces paroles du prophète Isaïe, Jésus en fit son discours inaugural dans la Synagogue de Nazareth, au début de son ministère. En effet, nous dit l'Évangile, Jésus proclama ce texte d'Isaïe, puis il en conclut la lecture en disant: «Aujourd'hui s'accomplit à vos oreilles ce passage de l'Écriture.» (Luc 4, 14-21) Effectivement, par ses gestes et ses paroles, Jésus inaugurera d'une double façon son année jubilaire.

D'abord, il déclare que Dieu lui-même décide de remettre toutes les dettes que les humains lui doivent. Tous les péchés sont pardonnés à ceux qui se repentent. Dieu accomplit ce pardon en lui, Jésus. C'est pourquoi il accueille les pécheurs, il mange avec eux, il leur pardonne. Il libère adultes et enfants des forces du mal.

Ensuite, Jésus invite ses disciples à prendre les manières d'agir de Dieu. Comme Dieu fait pleuvoir sa pluie et briller son soleil sur les bons et les méchants, ainsi nous faut-il être généreux envers toutes les sortes de pauvretés. Comme Dieu nous remet généreusement nos dettes envers lui — cf. en

Matthieu la parabole du débiteur (Mt 18, 23-35) et le Notre Père (Mt 6,12) —, ainsi faut-il nous remettre nos dettes mutuellement.

L'idéal de l'année jubilaire est même présent dans la première communauté chrétienne. Le Deutéronome avait prescrit: «Il n'y aura pas de pauvre parmi vous.» (Dt 15, 4) Saint Luc dans les Actes des Apôtres affirme que les premiers chrétiens partageaient tous leurs biens entre eux, de sorte que, affirme-t-il, «parmi eux, nul n'était dans le besoin.» (Actes 4, 34)

3. LE JUBILÉ DANS LA TRADITION CHRÉTIENNE

Quelle répercussion cette institution du Jubilé a-t-elle eue dans l'histoire de la chrétienté? Certains éléments de la loi influencèrent la pensée et l'agir des chrétiens. Par exemple, on défendait de prêter de l'argent à intérêt, comme cela est indiqué dans l'Ancien Testament. Cependant, l'année jubilaire comme telle n'apparaît nulle part dans l'histoire de l'Église durant les treize premiers siècles. Il faut donc se rendre à l'année 1300 pour y trouver le premier Jubilé de l'ère chrétienne. Mais alors, qui en eut l'idée? Qui en prit l'initiative? Dans quel but? Pour répondre à ces questions, imaginons-nous quelque part en France au début de l'an 1300...

Quelque part en France au début de l'an 1300...

Nous sommes le matin du cinq janvier de l'an 1300 dans un petit bourg de la Touraine. Tôt le matin, une dentellière, dame Isolde, entre dans la boutique du pâtissier maître Michel. Voici ce qu'ils se disent:

— Bonjour, maître Michel; je viens chercher ma galette des Rois.

— Elle est prête, ma chère dame. Toute bien décorée. C'est la dernière chose que j'ai faite avant de fermer boutique pour un an.

— Fermer boutique! Mais pourquoi?

— Je pars en pèlerinage. À Rome! Au tombeau de Pierre. Depuis que les Sarrasins ont repris Jérusalem et toute la Terre Sainte, on ne peut plus aller prier sur le tombeau du Seigneur. C'est

Les quatre basiliques romaines visitées par les pèlerins.
Estampe du XVIIe siècle.

BULLE DU PREMIER JUBILÉ «ANTIQUORUM HABET»

Lorsque les premiers pèlerins se mirent à affluer à Rome, au début de l'an 1300, le Pape Boniface VIII fut pris au dépourvu: aucune tradition ne justifiait ce mouvement de foule. Il décida néanmoins d'encourager les valeureux pèlerins, venus à pied de toute l'Europe, par cette bulle inaugurant la première année jubilaire de la chrétienté. Il est à noter qu'il n'envisageait alors un Jubilé que tous les cent ans.

Institution du très saint Jubilé avec rémission plénière des péchés, tous les cent ans, en faveur de qui visite les basiliques romaines des saints Apôtres Pierre et Paul.

Boniface évêque, serviteur des serviteurs de Dieu, pour mémoire perpétuelle.

1. *Les anciens racontent que de larges rémissions et indulgences pour leurs péchés ont été accordées à ceux qui vi-* ↪

pourquoi il nous faut aller faire pénitence au tombeau des grands Apôtres Pierre et Paul.

— Mais quelle idée d'aller si loin! Allez donc à Tour, au tombeau de saint Martin; ce sera tout aussi bon et beaucoup moins dangereux, avec tous ces soldats qui courent le pays.

— Mais non, dame Isolde. À ce que tout le monde raconte, le Saint Père accordera le pardon complet, l'indulgence de toutes leurs fautes à ceux qui feront le pèlerinage au tombeau de Pierre. J'y vais pour être pardonné de tous mes péchés et aussi pour y prier pour mon défunt père, mort sans confession ni communion et qui brûle sans doute au purgatoire.

BULLE DU PREMIER JUBILÉ

sitaient la vénérable Basilique du Prince des Apôtres à Rome.

2. *Par conséquent, Nous qui, en vertu de notre office, désirons tellement et voulons procurer le salut de chacun, confirmons toutes et chacune de ces rémissions et indulgences, et par notre autorité apostolique, les approuvons volontiers, les renouvelons même et les communiquons par le présent écrit.*

3. *Afin que les Bienheureux Apôtres Pierre et Paul soient d'autant plus honorés que leurs basiliques seront plus dévotement visitées; afin que, par une telle visite, les fidèles eux-mêmes reçoivent une plus grande abondance de biens spirituels, nous, par la miséricorde de Dieu, confiant dans les mérites et l'autorité des mêmes*

↪

— Vous avez trop écouté ce prêcheur qui a bouleversé toute la région avec ses menaces de fin du monde et ses histoires de l'ère de l'Esprit. Je n'y comprenais rien.

— Par saint Gatien, madame, je vous le jure, cet homme est un prophète. Tiens, voilà mes deux compères de Chézelles avec qui je dois partir. Priez pour moi que je fasse bon pèlerinage et que mon âme en soit sauvée.

— Dieu vous bénisse, maître Michel, et qu'il vous ramène sain et sauf.

Pendant ce temps, à Rome...

Nous nous retrouvons un mois plus tard dans le bureau du Pape Boniface VIII. Un de ses cardinaux lui annonce les dernières nouvelles.

— Très Saint-Père, un groupe de pèlerins français est là et demande à vous voir.

BULLE DU PREMIER JUBILÉ

saints Apôtres, après avoir demandé conseil à nos frères, et de par la plénitude de notre autorité, accordons — en cette année mil trois cent, depuis la fête de la Nativité de Notre Seigneur Jésus Christ déjà célébrée, et également à chaque prochain siècle —, à tous ceux qui visiteront les basiliques [des deux apôtres] avec respect, vraiment repentis et qui se seront confessés, et encore à tous ceux qui visiteront et qui, repentis, se confesseront au cours de la présente année centenaire ou de toute autre future année centenaire, [nous accordons] non seulement la pleine et plus large, mais la totale rémission de tous leurs péchés.

— Des Français! Qu'ils aillent donc voir leur roi Philippe, cet obstiné, ce mauvais prince chrétien qui refuse d'obéir à l'Église.

— Mais ils insistent, Saint-Père. Ils veulent obtenir de vous l'indulgence de toutes les peines de leurs fautes.

— Une indulgence plénière?

— Oui, Saint-Père. Tout au long de leur voyage, nous ont-ils raconté, tant dans le royaume de France qu'en Lombardie, ils ont entendu les gens répéter que vous accorderiez le pardon total à tous ceux qui feraient pèlerinage à Rome en cette année où nous passons dans un nouveau siècle.

— Oui, oui. Ce doit être encore ces prêcheurs franciscains ou dominicains qui leur ont mis ça dans la tête.

— Saint-Père, nous avons fouillé dans nos archives et nulle part nous n'avons trouvé trace de cette coutume. Il y a

---

BULLE DU PREMIER JUBILÉ

4. *Ceux qui désirent acquérir les indulgences par nous concédées, devront*
    — *s'ils sont romains, visiter les basiliques pendant au moins trente jours, même non consécutifs, au moins une fois par jour;*

    — *s'il s'agit de pèlerins ou d'étrangers, visiter de la même manière les basiliques pendant quinze jours.*

Celui qui visitera les basiliques plus souvent et avec plus de dévotion acquerra plus de mérites et d'indulgences.

Donné à Rome, près de Saint-Pierre, huitième jour des calendes de mars (22 février), sixième de notre pontificat.

bien un vieillard centenaire qui dit que son père aurait fait pèlerinage ici, il y a un siècle, pour les mêmes raisons. Mais dans aucune de nos archives il n'est fait mention d'année jubilaire, comme les Juifs avaient coutume de le faire selon le vieux Testament.

— Une année jubilaire... Une indulgence plénière... Pourquoi pas! Après tout, il n'y a plus de croisés à qui donner ces indulgences. Et c'est une bonne manière d'affirmer mon autorité sur toute la chrétienté. Oui. Déclarons une année jubilaire. Ce sera bon pour l'âme des chrétiens... et pour les coffres du Pape!

Un mouvement sorti du peuple chrétien

Quoique ces dialogues soient fictifs, ils reflètent la réalité. Effectivement, c'est à partir d'un mouvement du petit peuple se dirigeant en foule vers Rome qu'apparut l'idée d'une année jubilaire. Dans un texte laconique, le Pape l'inaugura en affirmant le don de l'indulgence à tous ces pèlerins venus à Rome durant l'année 1300. Dans les siècles qui suivirent, l'année jubilaire acquit des assises théologiques et des traditions liturgiques. Voici en bref l'histoire des Jubilés depuis 1300.

L'évolution des Jubilés jusqu'à nos jours

De 1300 à aujourd'hui, il y a eu 26 Jubilés (les Jubilés «ordinaires» sont au nombre de 25). Voici un bref aperçu historique des principaux Jubilés.

1350: Boniface VIII avait prévu le Jubilé aux cent ans. Mais plusieurs demandes affluèrent à Avignon où résidait le Pape Clément VI, lui demandant de réduire à 50 ans le rythme des Jubilés. Ce à quoi il acquiesça «en raison de la brièveté de la vie humaine». C'était deux ans après la peste noire qui avait tué le tiers de la population européenne. 1 200 000 personnes se rendirent à Rome. Le Pape accorda aussi que, l'année suivante (1351), on puisse gagner l'indulgence du Jubilé hors de Rome.

1390: Le Christ ayant vécu 33 ans, le Pape décida de faire les Jubilés selon ce rythme. Il étendit l'indulgence à ceux qui, tout en restant chez eux, contribuaient financièrement à la restauration des édifices romains.

1450: Retour au rythme bi-séculaire. Extension de l'indulgence à certaines nations (Allemagne, Pologne, Espagne) dans l'année qui suit le Jubilé.

1475: Paul II innove en fixant le rythme des Jubilés aux 25 ans, afin que chaque génération puisse en vivre un, et en l'inaugurant le Noël précédent.

1500: Alexandre VI prend le Jubilé au sérieux! Il le prépare deux ans d'avance, il crée le rituel de l'ouverture des portes saintes, et, devant l'affluence des pèlerins, prolonge le Jubilé jusqu'au 6 janvier de l'année suivante. Il innove aussi en étendant, en 1501, l'indulgence à toute la chrétienté.

1525: Clément VII commence une tradition: il place des médailles et des monnaies dans le mur de la porte sainte en la scellant.

1625: Le Pape Urbain VIII étend le bénéfice du Jubilé aux religieuses, aux malades et aux prisonniers.

1750: Benoît XIV accorde beaucoup d'importance au Jubilé, publiant jusqu'à neuf bulles préparatoires.

1800: Pas de Jubilé: Pie VII, élu à Venise le 14 mars 1800, ne peut entrer à Rome, occupée par l'armée de Napoléon.

1825: Dans un dernier réflexe de chrétienté, Léon XII notifie la bulle d'indiction aux souverains chrétiens! Mais c'est surtout le peuple qui prend le chemin de Rome.

1850: Pie IX ne peut entrer à Rome qu'en avril de cette année, car la ville est en pleine révolution civile. Il proclame le Jubilé en 1851.

1875: Pie IX déclare une année jubilaire, mais n'ouvre pas la porte sainte, toute cérémonie publique étant supprimée dans une Rome devenue indépendante du pouvoir papal.

1900: Léon XIII termine le Jubilé en consacrant le XXe siècle au Christ Rédempteur.

1950: Au cours du Jubilé (1er novembre), Pie XII proclame le dogme de l'Assomption de la Vierge.

1975: Dans la foulée du Concile, Paul VI annonce une année jubilaire sous les thèmes du renouveau et de la réconciliation. Il innove en étendant l'obtention des indulgences avant l'Année sainte (dès la Pentecôte 1973) plutôt qu'après.

1983: Jubilé extraordinaire décrété par Jean-Paul II pour souligner le 1950e anniversaire de la Rédemption.

Chapitre 3

Le grand Jubilé de Jean-Paul II

Karol Wojtyla a été élu Pape le 16 octobre 1978. Dès l'année suivante, dans sa première encyclique, il évoquait l'arrivée de l'An 2000: «Le moment où Dieu m'a confié d'être serviteur de tous à la suite de Pierre, est déjà bien proche de l'An 2000 [...] pour le peuple de Dieu répandu sur la terre, cette année-là sera une année de grand Jubilé. Nous sommes désormais assez proches de cette date qui nous remettra en mémoire et renouvellera la conscience de la vérité centrale de la foi: "le Verbe de Dieu s'est fait chair et il a demeuré parmi nous"» (Jean 1, 14) (*Redemptor hominis*, n° 1, cf. D.C. 01/04/79, page 301).

Dans d'autres documents, Jean-Paul II évoquera par la suite le Jubilé. Ainsi, dans son encyclique *Redemptoris Missio*, il écrivait: «alors que nous sommes proches du troisième millénaire de la rédemption, Dieu est en train de préparer pour le christianisme un grand printemps que l'on voit déjà poindre» (*Redemptoris Missio*, n° 86, cf. D.C. 17/02/91, page 185).

Il est donc évident que, pour Jean-Paul II, l'An 2000 proclamé «grand» Jubilé devra être pour l'Église une occasion de cheminement, de renouveau spirituel et de rayonnement international.

1. La préparation éloignée

Pour lancer la préparation au Jubilé de l'An 2000, Jean-Paul II publia une Lettre Apostolique le 10 novembre 1994: *Tertio millennio adveniente* (littéralement «le troisième millénaire arrivant»). Comprenant cinq parties, cette Lettre commence par affirmer la place centrale du Christ dans l'histoire humaine (chap. 1). Le Souverain Pontife explique ensuite le sens du Jubilé dans l'Ancien et le Nouveau Testa-

---

Le logo du grand Jubilé de l'An 2000

Le logo est l'œuvre d'Emanuela Rocchi, une étudiante romaine de l'Istituto Poligrafico e Zecca dello Stato. Voici l'explication de ses diverses composantes:

Dans le champ azuré de forme circulaire, qui indique l'univers, s'inscrit la croix qui soutient et tient l'humanité assemblée en cinq continents, représentés par autant de colombes. La croix est dessinée avec les mêmes couleurs que les colombes pour signifier le mystère de l'Incarnation, c'est-à-dire le Christ qui assume la condition humaine «devenant semblable aux hommes». Dieu entre ainsi dans l'histoire de l'humanité et lui apporte le salut. La lumière qui émane du centre veut indiquer que le Christ est la lumière qui illumine le monde; il est l'«Unique Sauveur, hier, aujourd'hui et toujours». La forme circulaire par laquelle sont représentées les colombes ➥

ment et il rappelle le devoir de sanctifier le temps (chap. 2). La troisième partie de son document présente les éléments de la préparation éloignée du Jubilé, y incluant le Concile Vatican II jusqu'à l'année mariale de 1988. Le quatrième chapitre de la Lettre précise les éléments de la préparation immédiate. D'abord un temps d'action de grâce pour l'Incarnation et ce qui en découle, c'est-à-dire la sanctification des hommes, du monde et du temps, mais aussi un temps de conversion et même de demande de pardon pour les torts faits par ceux qui portent le nom de chrétiens. Vient ensuite la présentation de la phase finale. Elle consiste en trois années de réflexion et de célébration du mystère trinitaire: le Fils (1997), l'Esprit (1998), le Père (1999). Enfin, dans le dernier chapitre, Jean-Paul II rappelle que la raison de l'Église

LE LOGO DU GRAND JUBILÉ DE L'AN 2000

souligne l'esprit de solidarité qui anime le grand Jubilé de l'An 2000. La vivacité et l'harmonie des couleurs veulent rappeler la joie et la paix qui doivent marquer les célébrations jubilaires. (Texte de la Concacan-reproduction autorisée)

Ce passage de l'épître aux Hébreux résume aussi bien l'esprit avec lequel nous entrons dans l'année jubilaire:

«Souvenez-vous de vos guides qui vous ont donné la parole de Dieu. Voyez comme ils ont quitté cette vie et imitez leur foi. Jésus Christ est le même, hier et aujourd'hui et à jamais. Ne vous laissez pas prendre par des doctrines diverses, venues d'on ne sait où. C'est la grâce qui nous donnera la force intérieure. [...] Offrons donc à Dieu en tout temps, par Jésus, un sacrifice de louange, celui qui consiste à proclamer son Nom. Quant à la bienfaisance et à la mise en commun des ressources, ne les oubliez pas, car ce sont là des sacrifices qui plaisent à Dieu.» (Hébreux 13, 7-15)

est de prolonger l'œuvre du Christ dans le monde contemporain. Il évoque ces espaces où la Parole du Christ doit être proclamée aujourd'hui: l'Europe de l'Est libérée du communisme; les «nouveaux aéropages» que sont les mondes politiques, économiques, culturels, et enfin la jeunesse.

C'est donc un immense chantier qu'offrait au peuple chrétien Jean-Paul II. Il lui restait à préciser les éléments concrets de l'année jubilaire. C'est ce qu'il fit dans la bulle d'indiction du Jubilé, publiée le premier dimanche de l'Avent 1998 (29 novembre) et intitulée *Incarnationis mysterium*.

2. LE PROGRAMME DE JEAN-PAUL II POUR LE JUBILÉ 2000

La bulle de Jean-Paul II est un document d'une grande qualité théologique et pastorale. Non seulement le Pape y introduit les éléments concrets du Jubilé, mais surtout il en élargit audacieusement le sens et la portée. Quelle différence avec la bulle de Boniface VIII inaugurant la première Année sainte! Autant celle-ci est sans souffle théologique et tout entière centrée sur les fameuses indulgences, autant le texte de Jean-Paul II ouvre des horizons nouveaux et lance de nouveaux défis à la chrétienté. Regardons-en brièvement le programme et le contenu.

Les buts du Jubilé (*I. M.* n°s 1 à 4)

Pour le Jubilé 2000, Jean-Paul II énumère ces buts:

1. Redécouvrir Jésus Christ: «Celui qui est, qui était et qui vient, véritable nouveauté qui dépasse toute attente de l'humanité.» (n° 1) Pour célébrer l'Incarnation du Christ, Jean-Paul II annonce que le Jubilé — fait nouveau dans

l'histoire — sera célébré simultanément à Rome et en Terre Sainte, lieu même de la vie du Christ, où il espère échanger à Jérusalem le baiser de paix avec les Chefs religieux juifs et musulmans (n° 2).

2. Se convertir à l'amour de Dieu qui est venu et qui vient toujours vers nous (n° 2).

3. Élargir son regard «vers des horizons nouveaux pour l'annonce du règne de Dieu» (n° 2), donc un nouvel engagement missionnaire de l'Église.

4. Célébrer la Trinité dans la ligne des trois années préparatoires. «L'Année sainte devra donc être un chant unique, ininterrompu, de louange à la Trinité.» (*I. M.* n° 3)

5. Se réconcilier en demandant pardon des erreurs passées et en s'ouvrant à un avenir neuf offert par Dieu. «Que l'échéance bimillénaire du mystère central de la foi chrétienne soit vécue comme un chemin de réconciliation et comme un signe d'espérance.» (*I. M.* n° 4)

Le Décret officiel (*I. M.* n°s 5 et 6)

Après avoir brièvement évoqué l'histoire des Jubilés, Jean-Paul II en décrète officiellement l'ouverture et la conclusion par les paroles suivantes:

Je décrète donc que *le grand Jubilé de l'An 2000 commencera dans la nuit de Noël 1999*, par l'ouverture de la *porte sainte* de la basilique Saint-Pierre du Vatican, qui précédera de quelques heures la célébration inaugurale prévue à Jérusalem et à Bethléem, ainsi que l'ouverture de la porte sainte dans les autres basiliques patriarcales de Rome. Pour la basilique Saint-Paul, l'ouverture de la porte sainte est reportée au mardi 18 janvier, au début de la Semaine de prière pour l'unité des chrétiens, afin de souligner aussi de cette façon le caractère œcuménique particulier qui marquera ce Jubilé.

Je décrète en outre pour les Églises particulières que l'inauguration du Jubilé sera célébrée le jour très saint de la Nativité du Seigneur Jésus, par une liturgie eucharistique solennelle présidée par l'Évêque diocésain dans la cathédrale ainsi que dans la co-cathédrale.

Que pour tous, Noël 1999 soit une solennité rayonnante de lumière, le prélude d'une expérience particulièrement profonde de grâce et de miséricorde divine, qui se prolongera jusqu'à *la clôture de l'Année jubilaire le jour de l'Épiphanie de notre Seigneur Jésus Christ, le 6 janvier de l'année 2001.*

Les signes du Jubilé (*I.M.* n°s 7 à 13)

La Lettre de Jean-Paul II présente d'abord les signes ou gestes traditionnels du Jubilé.

1. Le Pèlerinage

Ce fut là le point de départ des années jubilaires. En effet, nos ancêtres se mirent à aller prier sur les tombeaux de Pierre et de Paul comme ils allaient prier sur les tombeaux de saint Jacques à Compostelle ou sur le tombeau du Christ en Terre Sainte. Dès la Bible, nous rappelle Jean-Paul II, il apparaît que la situation de l'être humain est celle d'un pèlerin. Le geste du pèlerinage, écrit-il, «évoque le cheminement personnel du croyant sur les pas du Rédempteur: c'est un exercice d'ascèse salutaire, de repentance pour les faiblesses humaines, de vigilance constante sur sa propre fragilité, de préparation intérieure à la réforme du cœur. Par la veille, par le jeûne, par la prière, le pèlerin avance sur la voie de la perfection chrétienne, s'efforçant d'atteindre, avec le soutien de la grâce de Dieu, l'état d'Homme parfait, la plénitude de la stature du Christ.» (Éphésiens 4, 13; *I. M.* n° 7)

2. *La porte sainte*

Cette tradition remonte à l'Année sainte de 1423. Jean-Paul II en précise le sens: «Elle évoque le passage que tout chrétien est appelé à effectuer du péché à la grâce. Jésus a dit: "Moi je suis la porte" (Jean 10, 7) pour montrer que personne ne peut accéder au Père sinon par lui [...]. Le symbole de la porte rappelle la responsabilité qu'a tout croyant d'en franchir le seuil. Passer par cette porte signifie professer que Jésus Christ est le Seigneur[...]. C'est une décision qui suppose la liberté de choisir et en même temps le courage d'abandonner quelque chose sachant que l'on acquiert la vie divine.» (*I. M.* n° 8) En franchissant le seuil de la porte sainte, Jean-Paul II «montrera à l'Église et au monde le saint Évangile, source de vie et d'espérance pour le troisième millénaire qui vient.» (*I. M.* n° 8)

3. *Les indulgences*

Elles ont été longtemps le centre et le but des Années saintes. Mais Jean-Paul II a fait deux choix importants en écrivant son document. D'abord, il prend bien soin de présenter l'indulgence (il emploie le terme plutôt au singulier) en lien étroit avec le sacrement du pardon: seul Dieu peut vraiment pardonner les fautes. Il signifie ce pardon par le ministère de l'Église. L'indulgence accordée à l'occasion de l'Année sainte n'efface pas la faute, mais ses conséquences dans l'âme et l'esprit du pénitent. Et cela, l'Église peut le faire en nous mettant en communion avec tous les saints et les saintes, avec leur trésor de bonté. «Il y a des personnes qui laissent derrière elles comme un surplus d'amour, de souffrance supportée, de pureté et de vérité, qui se déverse sur

L'INDULGENCE DU JUBILÉ

Le sens

Dans les numéros 9 et 10 de sa bulle, Jean-Paul II commence par expliquer le sens de l'indulgence (il utilise le mot plutôt au singulier qu'au pluriel). Une comparaison nous aidera à comprendre le sens de l'indulgence qu'on peut acquérir au cours du Jubilé.

Éric est un adolescent qui a sombré dans la drogue. Courageusement, il a fait un grand pas pour s'en sortir: il a suivi une thérapie pendant un mois. Malgré cela, il demeure fragile: les vieilles habitudes le tentent, ses anciens compagnons le harcellent parfois. Heureusement, il a autour de lui un bon groupe d'amis et de parents. Grâce à leur appui, à leur solidarité, Éric va réussir à s'en sortir complètement.

L'indulgence, c'est un peu ça. Quand on a fait le mal, on peut le regretter, demander et recevoir le pardon, et vouloir s'en sortir. Mais il reste comme des séquelles du mal qu'on a fait. C'est là qu'on a besoin de l'aide de notre famille spirituelle, présente tant sur la terre que dans l'autre monde.

↪

les autres et les soutient [...]. Prier pour obtenir l'indulgence signifie entrer dans cette communion spirituelle et donc s'ouvrir totalement aux autres.» (*I. M.* n° 10)

Deuxième choix de Jean-Paul II: dans le texte même de la bulle, il ne parle pas des démarches concrètes à suivre pour gagner les indulgences. Tout cela est relégué dans l'annexe, sous la signature du grand pénitencier, le Cardinal Baum.

Jean-Paul II continue sa bulle en présentant les signes propres à ce Jubilé de l'An 2000. Si on poursuit l'énumération, aux trois signes traditionnels s'ajoutent les suivants.

L'INDULGENCE DU JUBILÉ

L'Église, par le pouvoir que lui a donné le Christ, peut nous mettre en communion avec cette puissance d'amour et de sainteté que constituent les saints et les saintes, puissance qui nous soutient et nous libère des séquelles de nos péchés. «Prier pour obtenir l'indulgence signifie entrer dans cette communion spirituelle et donc s'ouvrir totalement aux autres.» (I. M. n° 10) Cette indulgence est même applicable aux défunts.

La démarche

Voici les quatre conditions nécessaires pour acquérir l'indulgence de l'année jubilaire.

1. *Avoir reçu le sacrement du pardon depuis «une période convenable de temps».*

2. *Participer à l'Eucharistie. Ceci est nécessaire chaque fois qu'on veut obtenir l'indulgence, idéalement la journée même.*

3. *Prier aux intentions du Souverain Pontife.*

↪

4. La purification de la mémoire (I. M. n° 11)

Il s'agit de «reconnaître les fautes commises par ceux qui ont porté et portent le nom de chrétien». En fait, il faut bien admettre que des membres de l'Église ont défiguré son visage: les conversions forcées, l'intolérance face aux autres croyances, la condamnation du progrès scientifique, l'antisémitisme, l'indifférence religieuse: tout ceci doit être reconnu, non pour se complaire dans une mauvaise culpabilité ni pour rester prisonnier du passé. Au contraire, on ne peut vraiment se défaire des erreurs passées qu'en les regardant, en les admettant et en demandant pardon. L'appel du Pape à ce niveau se fait solennel:

Comme Successeur de Pierre, je demande que, en cette année de miséricorde, l'Église, forte de la sainteté qu'elle reçoit de son Seigneur, s'agenouille devant Dieu et implore le pardon des péchés passés et présents de ses fils. Tous ont

L'INDULGENCE DU JUBILÉ

4. *Poser un des gestes suivants:*

a) *Lors d'un pèlerinage* à Rome, *visiter une des quatre basiliques patriarcales ou, au choix, la basilique Sainte-Croix de Jérusalem, la basilique Saint-Laurent-hors-les-murs, le sanctuaire de la «Madonna del Divino Amore», les catacombes chrétiennes. Lors d'un pèlerinage* en Terre Sainte, *visiter la basilique du Saint-Sépulcre à Jérusalem, ou la basilique de la Nativité à Bethléem, ou encore la basilique de l'Annonciation à Nazareth. À l'occasion d'une de ces visites, on doit soit assister à une célébration liturgique (Eucharistie, Laudes ou Vêpres), soit à un exercice de piété (chapelet, chemin de croix, l'hymne*

↪

péché et personne ne peut se dire juste devant Dieu (cf. 1R 8, 46). Que l'on redise sans crainte: «Nous avons péché» (Jr 3, 25), mais que l'on maintienne vivante la certitude que «là où le péché s'est multiplié, la grâce a surabondé» (Rm 5, 20)!

5. Le partage dans la charité et la justice

Jean-Paul II évoque «des formes d'esclavages nouvelles et plus subtiles que celles qu'a connues le genre humain dans le passé» (*I. M.* n° 12). Il continue en pointant du doigt tout ce qui bloque l'avenir des collectivités: la violence, la dette du Tiers-Monde, la marginalisation.

Il est nécessaire également de créer une nouvelle culture de solidarité et de coopération internationales, où tous — spécialement les pays riches et le secteur privé — as-

L'INDULGENCE DU JUBILÉ

acathiste), ou accomplir une prière personnelle incluant la récitation du Notre Père, de la profession de foi et de l'Ave Maria.

b) *Au niveau des Églises locales, faire un pèlerinage à la cathédrale ou à une des églises désignées par l'Évêque, en effectuant un des exercices de piété mentionnés ci-dessus.*

c) *On peut aussi visiter une personne dans le besoin (par exemple un malade, un prisonnier, une personne âgée, seule ou encore handicapée) «comme si on faisait un pèlerinage vers le Christ présent en eux». (Matthieu 25, 34-36)* sument leur responsabilité à travers un modèle d'économie qui soit au service de chaque personne. (*I. M.* n° 12)

6. *La mémoire des martyrs*

Pour Jean-Paul II, il est important de découvrir et d'écouter les martyrs, surtout ceux de notre temps. «Ce siècle lui-même, écrit-il, a connu de très nombreux martyrs, surtout à cause du nazisme, du communisme et des luttes raciales ou tribales [...]. Le martyre est la preuve la plus éloquente de la vérité de la foi, qui sait donner un visage humain même à la plus violente des morts et qui manifeste sa beauté même dans les persécutions les plus atroces.» (*I. M.* n° 13)

C'est pour nous faire découvrir cette sainteté contemporaine que Jean-Paul II a mis au programme de l'Année sainte une mise à jour des martyrologes pour l'Église uni-

---

L'INDULGENCE DU JUBILÉ

d) Poser un geste dans l'esprit de pénitence du Jubilé. Ceci peut prendre plusieurs formes. Par exemple, on peut s'abstenir pendant une journée de choses superflues (tabac, boissons alcoolisées) et donner aux pauvres une somme proportionnelle. Ou encore «soutenir par une contribution significative des œuvres à caractère religieux ou social» (par exemple des œuvres au service des enfants démunis, des jeunes en difficulté, des personnes seules, des émigrés). Enfin, on peut aussi consacrer une partie convenable de son temps libre à des activités qui ont un intérêt pour la communauté. Ou «d'autres formes semblables de sacrifice personnel».

verselle (*Tertio Millennio adveniente*, n° 37). «Puisse le peuple de Dieu, conclut-il, raffermi dans sa foi par les exemples de ces modèles authentiques de tous âges, de toutes langues et de tous pays, franchir avec confiance le seuil du troisième millénaire.» (*I. M.* n° 13)

Conclusion

Jean-Paul II conclut sa lettre en évoquant le rôle qu'a joué Marie dans le salut apporté par le Christ. À Nazareth, à Bethléem, au calvaire, au cénacle, elle est «la femme du silence et de l'écoute», la première en chemin dans le pèlerinage de la foi chrétienne. Mère de l'Église, Marie est là pour nous aider à franchir le seuil du troisième millénaire dans la confiance en la parole et dans la joie de son Magnificat.

Jean-Paul II, le pape du grand Jubilé de l'An 2000,
prie Marie, Mère du Christ et de l'humanité.

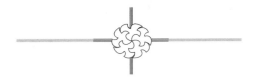

Chapitre 4

Le Jubilé,
une porte sur la découverte

Jean-Paul II a ébauché les grands traits de l'année jubilaire. Tout cela ne portera fruit et ne provoquera de réels changements que si les communautés chrétiennes, à travers le monde, sont animées d'un désir profond: celui de franchir non seulement une page du calendrier — fût-elle impressionnante avec son nouveau millésime —, mais surtout le seuil d'une situation à une autre, de l'ancien vers le nouveau. Finalement, on retirera du Jubilé ce qu'on aura investi comme personne

et comme communauté. Nous proposons dans les chapitres suivants des avenues possibles qui permettront de faire du Jubilé une porte vers la découverte, vers l'action, vers la célébration.

Le Jubilé peut devenir pour chacun une occasion de s'arrêter pour approfondir ce qu'il est et ce que sont les autres. Nous vous proposons deux temps de réflexion. D'abord, l'idée même de millénaire nous amène à réfléchir sur le temps. Quel est le sens chrétien du temps? Ensuite, nous explorerons certaines avenues qui peuvent nous aider à faire du Jubilé un temps de triple découverte: découverte de soi, de l'autre, de Dieu.

1. LE SENS CHRÉTIEN DU TEMPS

Le Petit Robert définit ainsi le temps: «Milieu indéfini où paraissent se dérouler irréversiblement les existences dans leur changement, les événements et les phénomènes dans leur succession.» C'est dire combien le temps est une réalité difficile à saisir. D'autre part, l'apôtre Paul nous parle de «la plénitude des temps» (Galates 4, 4 et Éphésiens 1, 10) pour décrire la venue du Christ. Essayons de mieux comprendre le sens du temps à l'intérieur de la foi chrétienne.

Le temps: cercle ou chemin?

Plusieurs de nos contemporains sont attirés par certains éléments des religions orientales. Les notions de karma et de temps cycliques sont utilisées par certains pour essayer de comprendre le sens de leur vie et des événements tant heureux que malheureux. Pour celui qui se situe dans la foi judéo-chrétienne, le temps n'est pas cyclique. Il n'est pas une roue qui revient inexorablement à son point de départ. Il est plutôt un chemin, un chemin où s'opèrent des choix. Un chemin dont l'issue est pleinement révélée dans la résurrection du Christ, un chemin qui est un devenir offert par Dieu et débouchant sur la plénitude de sa vie.

Comme un levain dans la pâte

Ce devenir, contrairement à ce que laissent croire les tenants du nouvel âge, est pour le chrétien un don et non une performance. En effet, lorsqu'on affirme: «le Verbe s'est fait chair et il a demeuré parmi nous», on affirme que Dieu est venu vers l'homme pour le sauver, le mener à son accomplissement. Et Dieu donc accomplit cette œuvre en pénétrant notre chair, en assumant notre condition humaine.

L'œuvre du Christ, comme il l'explique lui-même dans ses paraboles, est une œuvre de lente transformation comme un levain dans la pâte humaine. La force du Christ agit lentement, secrètement. En Jésus, voilà que Dieu bascule dans la finitude humaine; il la devient, il l'assume pour la transformer en l'investissant de sa propre vie. En Jésus, Dieu devient chair; Dieu devient temps.

L'Éternel est d'un jour,
le Verbe est en silence,
le Tout-Puissant s'est fait enfant.
(Montfort, *Cantique 1er de Noël*, no 57)

Celui qui est, qui était et qui vient

Ainsi Dieu est présent dans notre aujourd'hui en étant présent dans tout être humain qui se laisse «agir» par l'Esprit du Christ. Dieu est à l'œuvre pour transfigurer l'humanité, pour achever ce qu'il a commencé en Adam. C'est là tout le sens de la parabole du bon serviteur dans l'Évangile (Matthieu 24, 45-51). Quand le Maître s'absente — c'est-à-dire Jésus —, le bon serviteur est celui qui prolonge sur terre la présence de service de son Maître. Non seulement il doit veiller dans la foi, mais, comme son Maître le faisait, il doit se sentir responsable des autres et en prendre soin. Le bon serviteur, c'est celui qui se laisse habiter, transformer par l'esprit de son maître. La transformation spirituelle est ce qui fait vraiment avancer l'humanité, plus que tout progrès technique. Nous sommes bien placés pour le savoir, nous qui vivons à une époque où la science n'a jamais fait tant de progrès mais en même temps où l'humanité a été témoin des pires guerres et atrocités. Comme l'affirme le Cardinal Lustiger: «Aucun progrès n'empêchera un nouveau Caïn de tuer un nouvel Abel. Aucune violence n'empêchera un frère ou une sœur du Christ d'obéir au commandement d'aimer son ennemi et faire la paix. Les béatitudes sont la vraie mesure de l'histoire.» (Extrait de propos recueillis par Benoit Vandeputte)

Le Dieu de nos Pères

Dieu est présent non seulement dans l'aujourd'hui pour le transformer mais dans toute notre histoire passée. Constamment, dans la Bible, Yahvé se présente comme «le Dieu de vos Pères», celui qui a agi, qui a présidé aux origines de l'histoire humaine. Dans le credo des Apôtres, nous affirmons que Jésus «est descendu aux enfers». Les enfers ici n'ont rien à voir avec l'enfer de l'ancien petit catéchisme. Ce mot vient du latin «*inferi*», c'est-à-dire ce qui est inférieur, au-dessous de nous. Dans les anciennes cosmologies, c'était là, dans les profondeurs de la terre, que les morts demeuraient. Notre credo affirme donc que le Christ est vraiment mort et qu'il est descendu chez les morts des générations passées pour les transformer eux aussi, les assumer dans sa vie.

Dieu présent dans l'avenir

Enfin, Dieu, ce Dieu qui agit dans notre temps, qui a agi dans le passé, est aussi dans notre avenir. C'est un des sens de la résurrection du Christ. Pour les croyants juifs du temps de Jésus, la résurrection des morts signalait la fin des temps. C'est comme si, voyant notre désespoir devant la maladie, la souffrance et la mort, Dieu allait chercher notre avenir, loin devant, et nous le plantait en plein visage. L'avenir existe: Marie Madeleine lui a saisi les pieds, les disciples d'Emmaüs ont marché avec lui, Thomas a mis sa main dans son côté, Paul l'a rencontré sur le chemin de Damas. L'avenir existe: c'est le ressuscité, c'est l'humanité déjà transfigurée dans la vie de Dieu. Avant même que nous soyons rendus à demain, Dieu y est déjà: Dieu habite notre avenir.

Cette découverte de Dieu agissant dans notre temps ne peut que nous amener à vouloir explorer le sens de notre propre destin.

2. VERS UNE TRIPLE DÉCOUVERTE

Se découvrir soi-même comme appelé

«La gloire de Dieu, c'est l'homme vivant», a écrit saint Irénée. Mais la tentation est toujours là de réduire l'être humain à une seule dimension. Il peut alors devenir un simple «producteur» qu'on renvoie quand on n'a plus besoin de lui, comme on met un vieil outil à la poubelle. Ou encore, on peut l'amener à se percevoir comme une pure machine à consommer: plus il consommera, plus il sera heureux. Malheureusement, le taux de suicide élevé dans les sociétés occidentales nous amène à conclure le contraire.

L'année jubilaire est une belle occasion de s'arrêter et de découvrir qui on est. Et, paradoxalement, une des bonnes manières de s'arrêter, c'est de se mettre en route! C'est là l'aspect «thérapeutique» du pèlerinage.

On quitte tout ce qu'on a pour mieux découvrir tout ce qu'on est. Le vrai pèlerinage se fait idéalement à pied, sans sa maison avec tout ce qu'elle contient de sécurité: le gîte, la nourriture, l'eau courante.

Mais si le temps, la santé ou le budget ne permettent pas de vivre un pèlerinage, il y a d'autres manières de «faire pèlerinage» pour se découvrir.

— Passer quelques jours dans un monastère ou une maison de retraite, ou même dans un chalet, seul, sans télé, ni radio, ni téléphone. Écouter la nature, ce qui monte dans son cœur, écouter la Parole de Dieu en ouvrant le Nouveau Testament.

— Se donner du temps à la maison, là encore sans télévision ni radio.

— Se risquer dans un environnement nouveau, par exemple: aller comme bénévole dans un camp de guides ou de louveteaux. De telles expériences nous forcent à nous redécouvrir dans nos richesses et nos limites.

En conclusion, voici, *dans l'encadré ci-dessous,* un petit exercice qui consiste à faire «mon histoire sainte», à découvrir comment Dieu a été présent dans ma vie.

Je te propose donc de faire un retour sur ta vie, d'essayer d'identifier les étapes de ton cheminement vers le Seigneur. Toute la Bible en effet est le récit de l'histoire d'amour entre Dieu et son peuple. Mais ce peuple, ce sont des personnes. Des gens qui, comme toi, ont cherché Dieu. Ils l'ont rencontré la plupart du temps là où ils ne l'attendaient pas... Voici quelques-uns de ces personnages qui nous montrent comment Dieu vient à nous.

JE DÉCOUVRE DIEU DANS MA VIE

1. Des hommes et des femmes
   qui ont rencontré Dieu

Adam et Eve reçoivent la vie et la terre en héritage.

Abraham abandonne tout et s'en remet au Dieu qui promet.

Moïse accepte de guider le peuple hors d'Égypte: c'est là qu'Israël devient peuple de Dieu.

David, l'enfant choisi par Dieu pour être roi, fera de ce peuple un royaume reconnu. Mais Dieu vient le rejoindre aussi dans son péché.

Ruth, l'étrangère, rencontre Dieu à travers l'homme qui l'a aimée.

Les *prophètes,* au nom de Dieu, rappelleront au peuple la grandeur et les exigences de l'amour de Dieu. Lors de l'exil, ils traceront peu à peu le portrait du Messie à venir. Ils renouvelleront l'espérance de leur peuple.

➥

Les *Sages* cherchent Dieu en réfléchissant à la condition humaine.

Marie, mystérieusement appelée, engage sa vie sur la parole de Dieu. Elle ose croire sans tout comprendre.

Jean-Baptiste prêche un baptême de conversion. Jésus l'étonne, par son attitude de pardon envers les pécheurs.

Jésus apparaît, scandalise les uns, enthousiasme les autres. Il guérit, il pardonne, il dénonce l'hypocrisie et l'égoïsme. Il nous apprend que Dieu est un père, un papa plein de sollicitude pour ses enfants, qui veut nous donner sa propre vie. Puis Jésus meurt dans l'abandon le plus total.

Des *témoins*, Marie-Madeleine, Pierre, prétendent qu'il est ressuscité. Ces témoins sont des êtres humains comme nous, mais ils sont soulevés par une force que rien n'arrêtera. Ils donnent leur vie pour leur foi. Les communautés chrétiennes se multiplient comme une traînée de poudre dans l'univers juif et païen de l'époque.

2.   Et mon histoire sainte à moi...

De quoi le Seigneur m'a-t-il comblé, comme il a comblé Adam?

Comme à Abraham, me demande-t-il d'abandonner des sécurités pour pouvoir accueillir l'inédit qu'il m'offre, «le pays que je t'indiquerai».

Comme Moïse, m'appelle-t-il à un engagement? À libérer des gens qui souffrent?

Comme David, dans quelle faiblesse vient-il me rejoindre?

Quels prophètes ai-je rencontrés dans ma vie? Des gens qui m'ont dérangé, bousculé, contesté? Ou encore des gens qui ont renouvelé mon espérance? Ai-je été prophète pour d'autres quand Dieu me le demandait? Comment?

Comme Jean-Baptiste, est-ce que j'essaie de préparer des gens à accueillir le Christ? Y a-t-il des gestes ou des paroles de Jésus qui me scandalisent?

Comme Marie, ai-je osé risquer ma vie sur la Parole de Dieu? M'arrive-t-il de ne pas comprendre cette parole?

Comme Jésus en croix, m'est-il arrivé de me sentir loin de Dieu, abandonné de lui?

Comme Marie-Madeleine et les autres témoins de Pâques, ai-je vécu une véritable rencontre avec le Christ ressuscité? Est-ce que je sais accueillir la force de l'Esprit dans ma faiblesse?

3. Je retrace les grandes étapes de mon histoire sainte

1. Quelles sont les personnes qui m'ont le plus aidé dans ma foi? Que m'ont-elles apporté? À quel personnage de la Bible pouvaient-elles ressembler?

2. Y a-t-il des événements de ma vie qui ressemblent à des événements de la Bible (Exode, marche dans le désert, terre promise, récit de vocation, libération)?

3. À quel personnage de la Bible puis-je le mieux m'identifier? Qu'est-ce qui est semblable dans son cheminement et dans le mien?

Découvrir l'autre

«Ce que je sais de l'autre m'empêche de le connaître», a écrit Christian Bobin. Nous traînons tous des préjugés contre des personnes ou des groupes. Un des buts du Jubilé est de pouvoir repartir à neuf avec le nouveau millénaire. Et tout changement ne devient possible que par un nouveau regard les uns sur les autres. Ainsi, à l'occasion du Jubilé, pourquoi ne pas essayer de redécouvrir ceux qui sont proches par la parenté ou le travail?

— Inviter à un repas un parent qu'on n'a pas vu depuis longtemps.

— Inviter au restaurant ou pour une soirée quelqu'un de mon milieu de travail qui est d'une autre ethnie ou religion.

— Pour les époux: prendre le temps de se redécouvrir en partant ensemble pour quelques jours.

— À l'occasion de Noël, au lieu d'une simple signature en bas d'une carte de souhaits, prendre le temps d'écrire à l'autre ce que sa présence m'apporte.

— Dans une famille, prendre l'habitude d'éteindre le téléviseur durant le souper. Manger ensemble en se parlant de notre journée, de nos projets.

Découvrir Dieu

Le mystère, ce n'est pas «l'inconnaissable», c'est l'inépuisable. Nous n'avons jamais fini de découvrir le mystère infini de Dieu. Nous sommes toujours tentés de le réduire à des formules, à des prières. Laissons Dieu être Dieu! Faisons du Jubilé un espace d'écoute, d'accueil, pour que la Parole de Dieu y résonne. Faisons de l'An 2000 un berceau, un creux, une soif où puisse naître en nous le Fils de Dieu. Là aussi, tant de chemins s'offrent à nous.

— Lire chaque jour une page de la Bible, ou la lecture du jour proposée par la liturgie.

- Dans ma maison ou dans ma chambre, monter «un coin du Jubilé», avec une icône du Christ, un cierge.
- Me donner des temps de prière, si brefs soient-ils, chaque jour.
- Suivre une session sur un thème qui m'intéresse en spiritualité.
- Lire un bon livre de théologie, de spiritualité, ou la biographie d'un saint ou d'une sainte.

Voilà autant de manières de faire du Jubilé un temps de renouveau, une porte ouverte sur la découverte des présences qui m'entourent.

Le pape Boniface VIII annonce le premier Jubilé (1300).
Peinture de Giotto dans la basilique Saint-Jean-de-Latran.

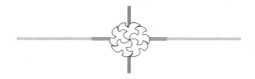

Chapitre 5

Le Jubilé, une porte vers l'action

PARTAGER SON PAIN, PARTAGER SON ESPÉRANCE

«En descendant de la barque, Jésus vit une foule nombreuse et il eut pitié, parce qu'ils étaient comme des brebis qui n'ont pas de berger, et il se mit à les enseigner longuement. L'heure étant déjà très avancée, ses disciples s'approchèrent et lui dirent: "L'endroit est désert et l'heure est déjà très avancée; renvoie-les afin qu'ils aillent s'acheter de quoi manger." Jésus leur répondit: "Donnez-leur vous-mêmes à manger".» (Marc 6, 34-37)

Durant sa vie, Jésus n'a jamais séparé les deux tables qui nourrissent l'être humain: celle de l'âme et celle du corps. Il sait bien qu'on ne peut prétendre vraiment aimer quelqu'un si on nourrit l'un en affamant l'autre.

Dès ses origines, dans l'Ancien Testament, le Jubilé visait à rétablir chacun dans sa liberté, sa dignité, son autonomie. L'An 2000 résonne donc comme un appel à partager son pain et à partager son espérance.

1. PARTAGER SON PAIN

Le contraste effarant entre pays riches et pays pauvres, ou même entre les nantis et les pauvres d'une même société, est le scandale de notre siècle.

> Pour ma part, il me paraît évident que les siècles futurs ne jugeront pas notre fin de XXe siècle sur son matérialisme, sa permissivité sexuelle, ses difficultés de vie conjugale ou autres choses du genre, mais sur le fait qu'à des millions d'exemplaires, Lazare est mort de faim à côté de notre table bien garnie... Par ailleurs, notre principal défi n'est pas tellement de parler pour les pauvres mais d'être assez près d'eux pour voir la réalité avec leur regard; mieux encore d'être avec eux dans des projets d'action sociale. (Mgr Bertrand Blanchet *L'Église canadienne*, vol. 22, n° 9, janvier 1989, p. 265)

Travailler à plus de justice et à un meilleur partage des biens de la terre fait partie intégrante de l'année jubilaire. Jean-Paul II, évoquant le personnage de Lazare, écrit dans la bulle d'indiction: «Il ne faut pas remettre encore une fois à plus tard le temps où le pauvre Lazare pourra lui aussi s'asseoir à côté du riche pour partager le même banquet et ne plus être obligé de se nourrir de ce qui tombe de la table (cf. Luc 16, 19-31). L'extrême pauvreté est source de violence, de rancœurs et de scandales. Lui porter remède est faire œuvre de justice et donc de paix.» (*I.M.* n° 12)

La parabole à laquelle nous renvoie ce passage affirme que le pauvre Lazare «gisait à la porte du riche». Aujourd'hui, le monde est devenu un gros village où le cri des démunis sonne littéralement à nos portes. De plus, le riche de la parabole découvre que finalement le pauvre était même la porte qu'il aurait dû franchir pour sortir de lui-même et rencontrer l'autre. Toute pauvreté qui nous bouscule nous sauve

«IL N'Y AURA PAS DE PAUVRE CHEZ TOI!»

Le livre du Deutéronome contient un vigoureux appel à la compassion et à la solidarité (15, 4.7-11):

Il n'y aura pas de pauvre chez toi... dans le pays que Yahvé ton Dieu te donnera... Si dans l'une des villes du pays que Yahvé ton Dieu te donne, tu rencontres un pauvre parmi tes frères, tu ne fermeras ni ton cœur ni ta main devant ce frère qui est dans la pauvreté. Tu lui ouvriras ta main et tu lui prêteras ce dont il a besoin, ce qui lui manque. Ne regarde pas méchamment ce frère qui est pauvre, ne lui refuse pas ce dont il a besoin de peur qu'il ne crie vers Yahvé contre toi et que toi, tu ne sois chargé d'un péché. Tu dois lui donner, et lui donner sans regret. Alors Yahvé ton Dieu te bénira dans tous tes travaux et dans tout ce que tu entreprendras, à cause de ce que tu as fait. Il ne manquera jamais de pauvres au milieu du pays, c'est pourquoi je te donne ce commandement: Tu ouvriras ta main à ton frère, à celui qui est démuni, au pauvre qui est dans le pays.

parce qu'elle nous arrache à nous-mêmes et nous ouvre au mystère de l'autre, au monde de l'amour.

Gestes concrets

Concrètement, plusieurs gestes peuvent être posés sur le plan tant international que local.

Au niveau international, personne n'ignore la pétition qui a recueilli plus de dix-sept millions de signatures et qui demandait aux membres du G8 d'abolir la dette du Tiers-Monde. Cette pétition fut remise aux membres du G8 lors de leur rencontre à Cologne en juin 1999. La réponse de ces derniers fut mitigée. Les mesures d'allégement — et non d'annulation de la dette — qu'ils proposent représentent à peine 22% de ce que réclamait la pétition. Mais les ONG, comme Développement et Paix au Canada, ne baissent pas les bras et comptent poursuivre leurs efforts d'information et de revendication.

Effectivement, sur la planète, jamais l'injustice ne fut si criante. Quelques chiffres:

— La dette extérieure de l'Amérique latine et des Caraïbes dépasse six cent cinquante-sept milliards de dollars (41% du produit national brut).

— La Bolivie consacre 50% de ses revenus d'exportation au paiement de la dette.

— Au Népal, des centaines de milliers de personnes vivent dans l'esclavage, ne recevant aucun salaire pour leur travail.

Que faire devant tout cela? D'abord, s'informer et se sensibiliser. On peut, par exemple:

— Demander de recevoir les bulletins d'information des ONG travaillant à la justice et au respect des droits des personnes (Développement et Paix, Amnistie internationale, Accat, etc.).

— Demander à un représentant de ces groupes ou à quelqu'un qui a travaillé comme coopérant dans le Tiers-Monde d'adresser la parole à un groupe dont nous faisons partie: une classe à l'école, un mouvement, un club d'âge d'or, une communauté chrétienne à l'occasion de l'eucharistie dominicale, un groupe de syndiqués, de chefs d'entreprise.

— Prendre le temps de suivre une émission à la télé ou à la radio qui traite de ces sujets.

Au niveau d'actions concrètes, plusieurs gestes sont aussi possibles:

— Signer les pétitions que font circuler les organismes ci-dessus mentionnés adressées souvent à des chefs d'État coupables d'injustice.

— Oser participer à une marche de protestation organisée par un groupe communautaire.

— À l'occasion des fêtes, inviter chaque membre de la famille à donner un cadeau moins cher et à verser la différence à un organisme d'aide.

— Organiser un souper de la faim à l'occasion des Jours Saints.

— Participer au boycottage des produits vendus par des multinationales qui ne respectent pas les chartes des droits.

— Avec d'autres personnes de mon quartier ou de ma paroisse ou de mon école: étudier les besoins du milieu, coordonner nos efforts pour répondre à un besoin précis. Par exemple, mettre sur pied une maison des jeunes, un accueil des itinérants, une soupe populaire, une maison pour mères célibataires, un centre d'alphabétisation, un service de désintoxication.

Le miracle, c'est nous autres!

L'important, en ce tournant de millénaire, c'est de comprendre que Dieu ne corrigera pas les injustices et les misères de ce monde d'un coup de baguette magique. Toute la Bible est là pour en témoigner: de Moïse à Jésus, en passant par David et Esther, nous découvrons que Dieu n'agit en ce monde qu'à travers des libertés humaines qui s'ouvrent à lui au point de porter dans leur pensée et leurs gestes toute la révolte de Dieu contre les injustices, toute sa compassion pour la souffrance. Le miracle qui sauvera le monde, la merveille qui éteindra les foyers de violence et nourrira les affamés, c'est nous!

2. Partager son espérance

En annonçant Jésus de Nazareth, vrai Dieu et homme parfait, l'Église donne à chaque être humain la perspective d'être «divinisé» et ainsi de devenir davantage homme. C'est l'unique voie par laquelle le monde peut découvrir la haute vocation à laquelle il est appelé et la réaliser dans le salut opéré par Dieu. (*I. M.* n° 12)

Partager sa joie peut soutenir l'autre; partager son pain peut nourrir l'autre; partager son espérance peut sauver l'autre. C'est là une des tâches proposée par Jean-Paul II à l'occasion du Jubilé. *Que peut-on faire pour partager son espérance?*

Au niveau individuel, il suffit parfois d'un simple geste, d'une simple parole. À quelqu'un qui se confie, l'assurer de sa prière. À un jeune qui demande conseil, oser dire ce que ma relation à Dieu m'apporte. À l'occasion d'un repas entre amis ou en famille, proposer une prière pour rendre grâce. Lors d'une tribune téléphonique à la radio, oser dire l'importance de la dimension spirituelle de l'homme.

Au niveau collectif, les projets peuvent être plus importants:

— À l'occasion des fêtes, les membres d'un mouvement ou d'une paroisse peuvent monter «une crèche vivante», ou encore préparer une petite pièce de théâtre qui révèle aux enfants le vrai sens de Noël.

— Le vendredi saint, organiser une marche du pardon ou un concert religieux.

— Inviter un témoin de la foi ou un missionnaire à prendre la parole dans un groupe dont on fait partie.

— Organiser, dans sa communauté chrétienne, une mission ou retraite paroissiale dont la publicité rejoigne le grand public.

— Inviter des dirigeants religieux d'autres religions pour vivre un temps de partage et de prière.

— Inviter un libraire à présenter une exposition de livres religieux dans sa paroisse ou un autre milieu.

— Être attentif aux suggestions émanant de son diocèse, de groupes communautaires, des ONG.

La liste pourrait s'allonger indéfiniment. Il suffit de se mettre ensemble, d'échanger des idées, de partager ses ressources pour que naisse un projet.

En conclusion de ce rapide tour d'horizon, je laisse le Cardinal Lustiger dire l'importance de partager notre espérance.

Célébrer un Jubilé, c'est reprendre à pleines mains le temps écoulé pour remettre de l'ordre dans nos libertés et nos cœurs: repentir, conversion; dans nos mensonges: faire la vérité; dans nos injustices: réparer. Mais surtout, c'est nous tourner vers l'avenir puisque Dieu nous en fait la grâce. Le Jubilé est ainsi un moment où nous sommes invités à nous laisser saisir par l'espérance, puisque c'est Dieu qui nous la donne: pour agir selon son amour et aussi pour l'enseigner et en témoigner, comme Jésus nous le demande. (Cité dans *L'Église de Montréal*, 10 juin 1999, page 831)

Saint Philippe de Néri fait bâtir
l'«Hôtel de la Trinité» pour l'accueil des pèlerins.
Estampe du XVIIIᵉ siècle.

ANNEXE 1

LE JUBILÉ,
UNE PORTE VERS LA CÉLÉBRATION

Schémas et suggestions de célébration
pour diverses circonstances

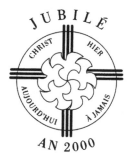

Le Jubilé,
une porte vers la célébration

«Jubiler» est synonyme de fête et de joie. «Toute année jubilaire est comme une invitation à la célébration de noces. Nous accourons tous, des diverses Églises et Communautés ecclésiales répandues à travers le monde, vers la fête qui se prépare; nous apportons ce qui nous unit déjà, et, le regard fixé uniquement sur le Christ nous permet de croître dans l'unité qui est le fruit de l'Esprit.» (*I.M.* n° 4)

Ce bref passage de la bulle de Jean-Paul II nous donne déjà de bonnes orientations:

— Le but des fêtes jubilaires est de célébrer notre foi et d'approfondir l'unité de nos communautés.

— Les ressources, c'est d'abord ce que nous sommes!

— Le climat dominant est celui d'une fête de l'amour entre Dieu et l'humanité, comme des noces.

Vous trouverez donc ci-après une série de propositions pour des célébrations. Libre à vous d'en disposer selon vos besoins: l'utiliser tel quel, en prendre certains éléments, ou vous en servir comme point de départ vers autre chose. L'important, c'est de fêter, avec ce que nous sommes, la venue du Vivant dans notre monde et notre temps.

DURANT L'AVENT
OPÉRATION «SAVIEZ-VOUS QUE?»

Lors d'un récent sondage, on a demandé aux gens ce qu'évoquait pour eux l'An 2000. Pour la grande majorité, la réponse fut «le bogue de l'An 2000»; pour quelques-uns, «la fin du monde»; pour moins de 1%, la réponse fut «Jésus»!

L'année jubilaire est une occasion de faire découvrir le Christ à ceux qui trop souvent l'ont oublié. Durant l'Avent, pourquoi ne pas aider la population en général à se rendre compte que l'An 2000 est avant tout l'anniversaire du Christ! Voici quelques suggestions.

— Avec des étudiants: organiser un concours d'affiches ou de cartes de Noël associant le nouveau millénaire à la naissance du Christ.

— Faire avec des jeunes une exposition présentant l'histoire de notre calendrier.

— Pour une communauté chrétienne: fabriquer une grande affiche présentant l'An 2000 comme la fête du Christ et l'installer à l'extérieur.

— Pour une communauté ou une famille: à l'ordinateur ou à la main, fabriquer ses propres cartes de Noël faisant le lien entre la naissance du Christ et le nouveau millénaire. Ou encore préparer de petits calendriers dans le même sens.

①

LITURGIE D'ENTRÉE DANS L'ANNÉE JUBILAIRE
(25 DÉCEMBRE 1999)

LES INDICATIONS DE JEAN-PAUL II

Selon le scénario indiqué par Jean-Paul II dans sa bulle, l'ouverture solennelle de l'Année sainte se fera ainsi:

1. Dans la nuit de Noël

— par l'ouverture de la porte sainte à Saint-Pierre de Rome et dans les autres basiliques romaines;

— par des célébrations inaugurales à Jérusalem et à Bethléem;

2. Le jour même de Noël

— dans les Églises particulières par une liturgie eucharistique solennelle (*I. M.* n° 6).

La bulle *Incarnationis mysterium* précise certains éléments de cette célébration inaugurale:

«Il conviendra que l'inauguration de la période jubilaire dans les diocèses privilégie [...] la mise en valeur liturgique du livre des Évangiles et la lecture de quelques paragraphes de la présente bulle.» (*I.M.* n° 6)

Voici donc une suggestion de rite bref qui permettrait à toute Église locale de s'unir aux chrétiens du monde entier pour entrer dans l'année jubilaire.

Ce rituel se déroule au début de la célébration eucharistique, au moment de la procession d'entrée. Tel qu'il a été demandé par Jean-Paul II, on lira alors un extrait de la bulle Incarnationis mysterium. *Il convient que l'extrait lu soit écrit sur un genre de parchemin qui en souligne l'importance. Le moment venu, dans le silence, on diminue l'éclairage. Un lecteur vient expliquer le rituel.*

Monition

Cette nuit (ou «ce jour») de Noël est unique. En effet, le Pape Jean-Paul II inaugure à Rome le Jubilé de l'An 2000 en ouvrant la porte sainte au Vatican. Pour nous unir à lui, aux chrétiens du monde entier et à tous les hommes de bonne volonté, au début de cette célébration, nous allons d'abord écouter un extrait de la bulle, le document de Jean-Paul II annonçant l'année jubilaire. Puis, selon la suggestion du Saint-Père de mettre en valeur le livre des Évangiles au cours de cette année, les ministres entreront en procession en suivant le Saint Évangile qui sera accompagné de vingt cierges, symbolisant les vingt siècles écoulés depuis la naissance du Christ à Bethléem.

À ce moment, un lecteur s'approche de l'ambon et lit l'extrait suivant de la bulle d'indiction.

évêque, serviteur des serviteurs de Dieu,
à tous les fidèles en marche vers le troisième millénaire,
salut et bénédiction apostolique.

Les yeux fixés sur le mystère de l'incarnation du Fils de Dieu, l'Église s'apprête à franchir le seuil du troisième millénaire. [...] La naissance de Jésus à Bethléem n'est pas un fait que l'on peut reléguer dans le passé. Devant lui en effet prend place toute l'histoire humaine: notre présent et l'avenir du monde sont éclairés par sa présence [...]. Jésus est la véritable nouveauté qui dépasse toute attente de l'humanité et il le restera pour toujours, dans la succession des périodes de l'histoire.

Ce Jubilé peut donc être considéré comme «grand». [...] À l'occasion de cette grande fête, les fidèles d'autres religions, de même que ceux qui sont éloignés de la foi en Dieu, sont cordialement invités eux aussi à partager notre joie. En frères de l'unique famille humaine, franchissons ensemble le seuil d'un nouveau millénaire qui exigera l'engagement et la responsabilité de tous! [...]

Je décrète donc que le Jubilé de l'An 2000 commencera dans la nuit de Noël 1999, par l'ouverture de la porte sainte dans la basilique Saint-Pierre du Vatican. [...] Il conviendra que l'inauguration de la période jubilaire dans les Églises particulières privilégie la mise en valeur liturgique du livre des Évangiles et la lecture de quelques paragraphes de la présente Bulle. [...]

Que pour tous, Noël 1999 soit une solennité rayonnante de lumière, le prélude d'une expérience particulièrement profonde de grâce et de miséricorde divines, qui se prolongera jusqu'à la clôture de l'Année jubilaire le jour de l'Épiphanie de Notre Seigneur Jésus Christ, le 6 janvier de l'année 2001.

Que tout croyant accueille l'invitation des anges qui annoncent sans fin: «Gloire à Dieu au plus haut des cieux et paix sur terre aux hommes qu'il aime.» (Luc 2, 14)

Le temps de Noël sera ainsi le cœur vibrant de l'Année sainte qui introduira dans la vie de l'Église l'abondance des dons de l'Esprit pour une nouvelle évangélisation. [...]

Donné à Rome, près de Saint-Pierre, le 29 novembre de l'an du Seigneur 1998, en la vingt et unième année de mon Pontificat.

Ensuite, la procession d'entrée s'ébranle. Les 20 cierges peuvent être placés dans un endroit prévu près de l'autel ou de la crèche. La célébration eucharistique se déroule selon le rituel habituel. À la fin, le célébrant peut utiliser la bénédiction spéciale de l'année jubilaire.

Que le Seigneur vous bénisse et vous protège.
℟ *Amen.*

Qu'il fasse resplendir son visage sur vous.
℟ *Amen.*

Qu'il porte son regard sur vous et vous donne sa paix.
℟ *Amen.*

Et que la bénédiction de Dieu tout-puissant, Père, Fils et Saint-Esprit, descende sur vous et demeure pour toujours avec vous.
℟ *Amen.*

②

CÉLÉBRATION D'ENTRÉE
DANS LE NOUVEAU MILLÉNAIRE
(31 DÉCEMBRE 1999)

Il se passera beaucoup de choses spectaculaires durant la nuit de la Saint-Sylvestre: des fêtes dans les grands hôtels, des reportages-fleuve à la télévision, et plus modestement des rassemblements de petites communautés, des fêtes familiales. Une chose est certaine: tous désireront que cette nuit «du grand passage» soit spéciale.

Ce que nous proposons ici, c'est une célébration pour ceux et celles qui voudraient communier au sens spirituel de cet événement, à la joie des anges dans la nuit de Noël, à la paix accueillie par des bergers, au recueillement de la Vierge attentive au mystère se déployant dans le temps.

Cette fête du millénaire se fera en *quatre étapes*:

1. Célébration de la venue du Christ dans la chair, lumière dans la nuit du monde.

2. Action de grâce pour le long travail de transformation du monde par la présence du Christ durant ces 2000 ans d'histoire.

3. «Purification de la mémoire» et demande de pardon pour les refus et les infidélités face à l'Évangile.

4. Passage dans le nouveau millénaire, par le passage symbolique d'une porte sainte.

Idéalement, cette célébration se fera dans la soirée du 31 décembre, la quatrième partie débutant au coup de minuit. Cependant, cette célébration pourrait se faire dans les premiers jours de l'année, selon la disponibilité des communautés.

Introduction à la célébration

Un lecteur s'avance et fait une monition semblable à ceci:

Frères et sœurs, nous voici rassemblés pour entrer ensemble dans le nouveau millénaire. En choisissant d'être ici plutôt que dans un restaurant ou un hôtel, nous avons choisi de communier au mystère même que célèbre le millénaire: la venue parmi nous du Fils éternel de Dieu. Pour vivre cette fête dans la profondeur et dans la joie, nous vivrons quatre étapes.

D'abord, la célébration de la venue du Christ dans notre chair. Ensuite, une action de grâce pour tout ce qui s'est accompli de beau et de grand depuis deux mille ans. Troisièmement, comme le demande le Saint Père, une demande de pardon pour nos infidélités tant personnelles que collectives. Et, enfin, nous allons tous passer par «la porte du millénaire» pour entrer dans l'An 2000 et, surtout, communier à la nouveauté éternelle du Christ Seigneur.

1RE PARTIE: Célébration de l'Incarnation du Christ

Il s'agit fondamentalement d'une proclamation solennelle du prologue à l'Évangile de Jean. Dans le déroulement proposé, la phrase terminant chaque paragraphe est reprise par

*un chœur de 3 ou 4 personnes, puis par tous. On peut illustrer
cette proclamation de diverses façons: par l'entrée de luminai-
res en procession, accompagnant l'enfant de la crèche, ou par
un mime dont les personnages vêtus les uns de blanc, les autres
de noir expriment le combat des ténèbres et de la lumière.*

Au commencement était le Verbe, la Parole de Dieu,
et le Verbe était auprès de Dieu,
et le Verbe était Dieu.

CHŒUR: *Et le Verbe était Dieu.*
TOUS: *Et le Verbe était Dieu.*

Il était au commencement auprès de Dieu.
L'univers n'a existé que par lui
et rien n'a existé sans lui.
En lui était la vie.

CHŒUR: *En lui était la vie.*
TOUS: *En lui était la vie.*

Et la vie était la lumière des hommes.
Et la lumière brille dans les ténèbres,
mais les ténèbres ne l'ont pas arrêtée.

CHŒUR: *Mais les ténèbres ne l'ont pas arrêtée.*
TOUS: *Mais les ténèbres ne l'ont pas arrêtée.*

Le Verbe était la vraie lumière qui, en venant dans le monde, illumine tout homme.
Il était dans le monde,
lui par qui le monde s'était fait,
mais le monde ne l'a pas reconnu.

CHŒUR: *Mais le monde ne l'a pas reconnu.*
TOUS: *Mais le monde ne l'a pas reconnu.*

À ceux qui l'ont reçu, à ceux qui croient en son nom,
il a donné de pouvoir devenir enfants de Dieu.
Ceux-là ne sont pas nés du sang, ni d'un vouloir de chair,
ni d'un vouloir humain, ils sont nés de Dieu.
Le Verbe s'est fait chair, il a habité parmi nous.

CHŒUR: *Le Verbe s'est fait chair, il a habité parmi nous.*
TOUS: *Le Verbe s'est fait chair, il a habité parmi nous.*

Nous avons vu sa gloire,
cette gloire qu'il tient du Père, comme Fils unique plein
de grâce et de vérité.
Tous, nous avons eu part à sa plénitude.
Si la Loi fut donnée par Moïse, la grâce et la vérité sont
venues par Jésus Christ.

CHŒUR: *La grâce et la vérité sont venues par Jésus Christ.*
TOUS: *La grâce et la vérité sont venues par Jésus Christ.*

Dieu, personne ne l'a jamais vu;
mais celui qui est dans le sein du Père,
le Fils unique, nous a donné de le connaître.

CHŒUR: *Le Fils unique nous a donné de le connaître.*
TOUS: *Le Fils unique nous a donné de le connaître.*

2ᴱ PARTIE: ACTION DE GRÂCE
POUR LES 2000 ANS DE CHRISTIANISME

Monition

Frères et sœurs, par la venue du Christ, notre monde et
notre temps ont été habités par la puissance de Dieu. Secrètement, comme un levain dans la pâte, le Christ a travaillé

les individus, les peuples, l'humanité. Lentement, comme une semence fragile émergeant de la terre, son royaume a grandi et porté des fruits.

Le Christ, nous dit saint Paul, est le premier-né de toutes créatures, car c'est en lui qu'ont été créées toutes choses dans les cieux et sur la terre. Rendons grâce au Christ pour tout ce qu'il a fait dans notre monde et notre temps.

Les dix actions de grâce

Un élément visuel peut accompagner chacune de ces invocations. Par exemple, à la fin de l'invocation, on allume un cierge au cierge pascal, ou encore on dépose près de lui une icône représentant l'objet de l'invocation. Après chacune de celles-ci la foule chante un refrain d'actions de grâce ou un alléluia.

♦ Nous te rendons grâce, Seigneur Jésus, pour les Apôtres. Parcourant le monde, ils ont semé partout la Bonne Nouvelle de l'Évangile. ℞

♦ Nous te rendons grâce pour les Souverains Pontifes, qui ont voulu porter la foi de Pierre et se mettre au service du peuple de Dieu. ℞

♦ Nous te rendons grâce pour Justin, Irénée, les Pères de l'Église et tous les théologiens qui les ont suivis. À travers l'effort de leur intelligence, ils ont cherché à mieux comprendre ton mystère et le sens de notre destin. ℞

♦ Nous te rendons grâce pour Corneille, Cyprien, Laurent, Perpétue et Félicité, et avec eux toute la foule des martyrs. Par leur non-violence, par leur espérance devant la torture et la mort, ils ont vaincu la violence et la peur. ℞

- Nous te rendons grâce pour Monique et son fils Augustin, pour toutes les mères, les pères, les grands-parents qui ont transmis la foi à leurs enfants. ℞

- Nous te rendons grâce pour Antoine, Colomban, Benoît et Scholastique, pour tous ces hommes et ces femmes qui, dans le silence d'un cloître ou d'un monastère, ont été témoins de l'absolu et source de prière. ℞

- Nous te rendons grâce pour le roi saint Louis, pour Étienne de Hongrie, pour Gandhi et Nelson Mandela, pour toutes les personnes qui ont voulu servir leur peuple en le conduisant vers une société plus unie et plus juste. ℞

- Nous te rendons grâce pour les artistes de toutes disciplines, pour Fra Angelico et Michel-Ange, pour Bach et Haendel, pour toutes ces personnes qui, à travers la beauté de leur création, nous ont fait pressentir la beauté du Créateur. ℞

- Nous te rendons grâce pour François et Claire, pour Dominique et Catherine, pour la foule des personnes consacrées qui ont voulu te suivre sur le chemin des béatitudes, entièrement données à Toi et aux autres. ℞

- Nous te rendons grâce pour Galilée et Copernic, pour Pierre et Marie Curie, et pour tous les scientifiques qui nous ont aidés à comprendre les mécanismes de notre univers et à les mettre au service de l'humanité. ℞

- Nous te rendons grâce pour Frédéric Ozanam et Oscar Romero, pour Hélder Camara et Mère Teresa, pour tous ces prophètes qui dénoncent les injustices et osent se mettre au service des plus pauvres. ℞

3^E PARTIE: DEMANDE DE PARDON

On peut à ce moment-ci diminuer l'éclairage. Dans un premier temps, on invite les personnes présentes à s'intérioriser, à demander pardon intérieurement pour leurs propres fautes et pour ce qui, à leurs yeux, sont les fautes les plus graves de notre société. Une pièce musicale de 2 ou 3 minutes peut accompagner ce moment.

Monition

Frères et sœurs, nous venons de rendre grâce pour tous ces êtres humains par qui Dieu a agi dans notre monde. Mais une année jubilaire, c'est aussi l'occasion de regarder honnêtement le mal qui existe dans notre communauté, dans notre Église et dans le monde entier. On dirait que depuis la naissance du Christ, des rois Hérode sont apparus régulièrement dans l'histoire, essayant de détruire ce «germe de justice» et de renouveau (Jr 33, 15) qui menaçait leur pouvoir. Ils ont ainsi tué des milliers de «saints Innocents». Oui, depuis deux mille ans, notre histoire est habitée par le mal. Aussi, dans sa lettre sur le Jubilé, voici ce que déclare Jean-Paul II: «Comme successeur de Pierre, je demande que, en cette année de miséricorde, l'Église, forte de la sainteté qu'elle reçoit de son Seigneur, s'agenouille devant Dieu et implore le pardon des péchés passés et présents de ses fils. Tous ont péché et personne ne peut se dire juste devant Dieu. Que l'on redise sans crainte: "Nous avons péché", mais qu'on maintienne vivante la certitude que "là où le péché s'est multiplié, la grâce a surabondé".» (*I.M.* n° 11) Avec le Saint-

Père, avec toute l'Église, avec tous les humains de bonne volonté, agenouillons-nous. Demandons à Dieu de purifier nos cœurs et nos mémoires par son pardon.

Lecture

Un lecteur s'avance et fait la lecture suivante (ou encore le texte de Joël 2, 12-18 *de la liturgie du mercredi des Cendres):*

Prière du prophète Jérémie (Jr 3, 22-25)

> Nous voici, nous venons à Toi
> car tu es Yahvé notre Dieu.
> La honte a dévoré le travail de nos pères
> depuis notre jeunesse.
> Couchons-nous dans notre honte,
> et que nous couvre notre confusion!
> Car contre Yahvé notre Dieu nous avons péché,
> nous et nos pères,
> depuis notre jeunesse jusqu'à ce jour même,
> et nous n'avons pas écouté la voix de Yahvé notre Dieu.

Deux lecteurs s'avancent pour lire en alternance les demandes de pardon. Après chacune d'elles, on souffle sur l'un des dix cierges allumés, pendant que l'assemblée chante Kyrie eleison.

Les dix pardons demandés

◆ Seigneur, tu nous as donné la terre pour que nous en fassions un jardin, pour que nous la fassions fructifier et non pour la détruire. Nous avons péché contre l'eau et contre la terre, contre les plantes et les animaux qui l'habitent. Kyrie eleison.

Tous: *Kyrie eleison*

◆ Seigneur Jésus, tout être humain est créé à ton image, enfant de Dieu, libre et fier. Mais nous avons réduit en esclavage des populations entières, hommes, femmes et enfants. Aujourd'hui encore, sur presque tous les continents, des êtres humains sont traités comme des bêtes. Kyrie eleison.

Tous: *Kyrie eleison*

◆ Seigneur Jésus, tu es fils d'Israël, juif dans ta chair et dans ton âme. Sur les genoux de ta mère, tu as appris les prières de ton peuple. Mais ce peuple que tu as choisi pour porter la vraie foi et l'espérance du Messie, nous l'avons trop souvent méprisé, marginalisé. Du sein de la chrétienté est sorti l'horrible monstre de la Shoa. Kyrie eleison.

Tous: *Kyrie eleison*

◆ Tu as prié, Seigneur, pour que tous soient un, comme Toi et le Père vous êtes un. Par notre entêtement et notre orgueil, par nos schismes et nos divisions, nous avons déchiré ton corps qui est l'Église. D'Orient en Occident, du Nord au Sud, nos divisions sont un scandale pour tous les peuples. Kyrie eleison.

TOUS: *Kyrie eleison*

♦ Des missionnaires et des soldats ont quitté l'Europe pour aller partout dans le monde. Trop souvent ils ont réduit des peuples à la misère, ils ont détruit leur culture et leur société. Aujourd'hui encore, combien de nations, de tribus autochtones sont victimes d'injustice. Kyrie eleison.

TOUS: *Kyrie eleison*

♦ Seigneur, tu as donné à tous les habitants de cette planète les richesses qu'elle nous offre. Mais certaines sociétés, certaines classes se les accaparent alors que d'autres souffrent de la faim, sont privés d'éducation et des soins de santé. Notre terre est une terre d'injustice profonde. Kyrie eleison.

TOUS: *Kyrie eleison*

♦ Dans nos pays qui connaissent la prospérité et la richesse, nous nous laissons séduire par ce qui excite nos sens, nous vouons un véritable culte au corps, au plaisir, au statut social. Nous devenons ainsi incapables de découvrir la dimension spirituelle de notre existence et d'y grandir. Kyrie eleison.

TOUS: *Kyrie eleison*

◆ Acculées au chômage, traquées par la violence, des populations se déplacent et forment souvent dans d'autres sociétés des minorités importantes. Trop souvent, au lieu de les accueillir dans nos villes et dans nos cœurs, nous développons des préjugés, nous dressons des murs, nous créons l'hostilité et la peur. Kyrie eleison.

TOUS: *Kyrie eleison*

◆ Devant les problèmes tant locaux que planétaires, nous sommes tentés de nous replier sur nous-mêmes, vivant chacun pour soi, laissant mourir l'espérance, refusant de poser chacun sa pierre à la construction d'un monde meilleur. Pardon, Seigneur, pour nos désespoirs, notre individualisme, nos peurs, notre manque d'engagement. Kyrie eleison.

TOUS: *Kyrie eleison*

◆ Depuis le meurtre d'Abel par son frère, le sang des innocents est devenu un torrent qui a sali toute la face du monde. Guerres, tortures, génocides parcourent notre histoire et laissent des cicatrices profondes dans l'âme des peuples. Kyrie eleison.

TOUS: *Kyrie eleison*

(*Un autre lecteur:*)
Profonde est notre nuit, mais y brille la lumière du Christ.
Profond est notre mal, mais y germe la bonté de Dieu.
Profond est notre péché, mais y vient le pardon de Dieu.

À ce moment, on pourrait chanter le Psaume 51 (50).

Un lecteur s'avance pour faire la lecture suivante:

Du livre du prophète Ézéchiel (Éz 36, 25-28)

Je répandrai sur vous une eau pure, dit le Seigneur, et vous serez purifiés. De toutes vos souillures et de toutes vos ordures, je vous purifierai. Je vous donnerai un cœur nouveau, je mettrai en vous un esprit nouveau, j'ôterai de votre chair le cœur de pierre et je vous donnerai un cœur de chair. Je mettrai mon esprit en vous et je ferai que vous marchiez selon mes lois. Vous serez mon peuple et moi, je serai votre Dieu.

Après la lecture, on pourrait asperger l'assemblée avec l'eau bénite pendant que l'on chante, ou encore, si l'autorité religieuse le permet, on pourrait donner à tous l'absolution sacramentelle.

4ᴱ PARTIE: L'ENTRÉE PAR LA PORTE SAINTE

Deux options sont possibles pour une communauté qui voudrait préparer une «porte sainte». On peut décorer la porte centrale de l'église, ou encore, à l'entrée de l'allée principale, on peut dresser une porte par où les participants pourront passer à ce moment-ci de la célébration. On peut décorer la porte d'une icône du Christ, avec les mots «Je suis la porte», et y mettre le chiffre 2000.

Si possible, on attend l'heure de minuit. On sonne alors douze coups de gong ou de cloche. Le président d'assemblée se tient près de la porte sainte et déclame un des deux textes suivants:

Du livre de l'Apocalypse de Jean (21, 5-7):

Celui qui siège sur le trône déclara: «Voici, je fais l'univers nouveau; Je suis l'Alpha et l'Oméga, le Principe et la Fin; celui qui a soif, moi, je lui donnerai de la source de vie, gratuitement. Telle sera la part du vainqueur; je serai son Dieu et lui sera mon enfant.»

ou:

Jésus dit: «Je suis la porte. Celui qui entrera par moi sera sauvé; il pourra entrer et sortir, il trouvera sa nourriture.» (Jean 10, 9)

Frères et sœurs, qu'en entrant par cette porte, vous entriez dans le nouveau millénaire, habités par la nouveauté éternelle du Christ Seigneur.

Que s'ouvre maintenant la porte sainte. Laissant derrière nous les erreurs du passé, traversons ensemble vers un monde nouveau, celui que bâtira à travers nous le Christ, la vraie porte.

Alors tous traversent la porte. Avant de traverser, ils peuvent laisser quelque chose qui symbolise pour eux le passé avec ses manquements (par exemple, un vieux calendrier). Une fois qu'ils ont traversé, ils reçoivent un symbole de renouveau dans le Christ (par exemple, un calendrier de l'An 2000, le logo du Jubilé ou une icône du Christ avec le texte de l'Apocalypse proclamé ci-dessus).

③

RITE DE LA BÉNÉDICTION DES CALENDRIERS
(1ᴱᴿ JANVIER 2000)

Nous proposons ici un rite qui s'adresse à ceux et celles qui ne sont pas venus aux célébrations de la veille. Cela permet à tous de souligner l'entrée dans le nouveau millénaire.

SENS DU RITE

Bénir les calendriers? Pourquoi pas. C'est une manière à la fois de rendre grâce pour le temps donné et d'offrir ce temps au Seigneur pour qu'il l'habite à travers nous.

En ce qui concerne les calendriers, on peut soit en vendre avant la célébration (on ne peut les vendre une fois bénis), soit avertir les gens pour qu'ils en apportent un de leur choix avec eux.

DÉROULEMENT

Avant la bénédiction finale, on invite les gens à prendre en main leur calendrier. Puis, le président dit:

Frères et sœurs, en cette année où nous entrons dans un nouveau millénaire, nous voulons demander à Dieu d'entrer avec nous dans cette époque nouvelle. Nous savons bien que le temps ne sera vraiment nouveau que si Dieu l'habite et le transforme à travers nous. Demandons-lui maintenant de bénir nos calendriers et ainsi de bénir ce temps qu'il nous donne.

Seigneur notre Dieu, Père créateur des temps et des espaces, béni sois-tu pour le temps que tu nous donnes. Nous te disons merci pour cette année qui commence et pour le millénaire qui commence avec elle. Nous t'en prions: envoie sur nous l'Esprit de ton Fils Jésus, afin qu'à travers nous, le temps soit habité et transformé par sa présence. Nous pourrons ainsi te découvrir dans notre quotidien le plus ordinaire. Nous pourrons faire de chacune de nos journées un berceau où puisse naître et grandir parmi nous ton Fils et notre Sauveur.

Maintenant Seigneur, bénis ces calendriers (*on les asperge, ou on trace une croix au-dessus des gens qui les tiennent*) et bénis le temps qu'ils représentent. Ainsi, à travers les jours qui passent, nous marcherons vers notre plein accomplissement, dans la présence et la joie de ton Fils, le Christ, notre Seigneur. *Amen.*

Le célébrant peut alors donner la bénédiction du Jubilé tel qu'il est indiqué dans le rituel. On peut aussi remettre aux participants des autocollants portant le logo du Jubilé.

ÉPIPHANIE
(2 JANVIER 2000)

Étant donné la proximité de cette fête avec le jour de l'An, la célébration ici suggérée pourrait se faire à un autre moment.

Présentation

L'Épiphanie est beaucoup la fête des signes; on y voit:

— une étoile qui parle (qui fait signe);

— une Parole qui éclaire (celle de la Bible, éclairant les mages);

— des présents qui révèlent la personnalité de celui qui les reçoit;

— des Mages qui annoncent la foule des païens qui cherchent Dieu et trouvent le Christ.

C'est une fête qui nous invite à la fois à comprendre des signes et à en donner.

À l'occasion de l'Année sainte, en entrant dans le nouveau millénaire, nous voulons comme communauté faire trois choses:

— nous mettre à l'écoute des signes que Dieu nous donne aujourd'hui: les événements, les personnes, sa Parole;

— nous donner des signes de cet événement;

— donner aux autres des signes que le Christ venu pour tous est toujours à l'œuvre à travers son corps que nous sommes.

C'est ce que nous voulons inaugurer par le rituel suivant.

RITUELS SUGGÉRÉS

1. Dévoilement officiel des projets de l'An 2000

Ces projets ont un sens spécial. Non seulement ils inaugurent l'Année sainte, mais ils voudraient signifier le début d'un temps nouveau, de quelque chose de neuf dans notre monde. Voici donc les projets de notre communauté pour le grand Jubilé de l'An 2000:

Alors, on proclame la liste des projets, soit en les lisant sur un parchemin bien décoré, soit en invitant les responsables des divers projets à venir présenter chacun le sien. Ensuite, le parchemin est affiché dans un endroit visible.

2. Inauguration du «signe du millénaire»

Il convient qu'une communauté se donne un signe visible, qui demeurera toute l'année du Jubilé. Voici deux suggestions.

L'arc du millénaire

Il s'agit d'un grand arc qui représente les 2000 ans écoulés depuis le Christ. Au fur et à mesure que l'année se déroule, on indique sur l'arc la date d'événements importants et, au-dessous, un symbole de ces événements.

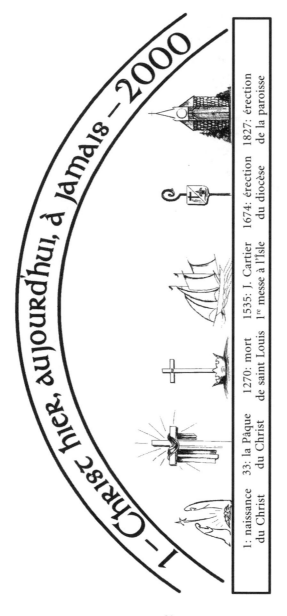

J-CHRIST HIER, AUJOURD'HUI, À JAMAIS – 2000

| 1 : naissance du Christ | 33 : la Pâque du Christ | 1270 : mort de saint Louis | 1535 : J. Cartier 1re messe à l'Isle | 1674 : érection du diocèse | 1827 : érection de la paroisse |

Voici une illustration de ce que pourrait être l'arc du millénaire.
Les dates réfèrent à l'histoire de la paroisse Saint-Louis de l'Isle-aux-Coudres.

La croix du millénaire

On avait coutume de dresser des croix au carrefour des routes ou près de l'église à l'occasion de certains événements, comme une mission paroissiale, la fin d'une guerre, la visite d'un grand personnage. À l'occasion du millénaire, on pourrait dresser dans le chœur de l'église une telle croix qui serait décorée d'éléments symboliques, par exemple les deux lettres Alpha et Oméga, ou encore une reproduction des cinq colombes que l'on voit sur le logo du Jubilé, représentant les cinq continents.

CÉLÉBRATION DU PARDON
(CARÊME 2000)

Un certain nombre des lectures de ce carême décrivent le même mouvement: création, dé-création, re-création. Ainsi, à la création du monde succèdent sa dé-création dans le déluge et sa re-création avec Noé (1ᵉʳ dimanche). À la création du peuple dans l'exode et l'alliance (3ᵉ dimanche) succèdent sa dé-création dans l'exil et sa re-création dans le retour (4ᵉ dimanche). À la dé-création de l'homme dans le péché, succède sa re-création dans le Christ (4ᵉ dimanche). Et, d'une certaine manière, à la dé-création du Christ dans sa passion et sa mort, succèdera sa re-création dans sa résurrection annoncée. Cette célébration s'articulera donc autour de ce mouvement en trois temps.

Création

Nous suggérons ici une lecture scénarisée du deuxième récit de la création dans la Genèse (2, 4-25). Ce 2ᵉ récit nous présente Dieu comme un véritable artisan qui travaille avec ses mains. On peut le visualiser de diverses manières, par exemple:

— *par des figurants ou des danseurs qui miment les diverses scènes;*

— *par des objets, des dessins ou des photos qui sont apportés au fur et à mesure de l'action.*

Un refrain par la foule vient rythmer le récit.
(Une musique douce commence un peu avant la lecture.)

Lecture du livre de la Genèse (2, 4-6)

a) *Création de l'homme*

> Le jour où Yahvé Dieu fit la terre et le ciel, il n'y avait sur la terre aucun arbuste des champs; aucune herbe des champs ne poussait encore, sur la terre et il n'y avait pas d'homme pour travailler le sol et faire monter l'eau de la terre, afin d'irriguer toute la surface du sol.
>
> Alors Yahvé Dieu forma l'homme; il n'était que poussière du sol, mais Dieu souffla dans ses narines une haleine de vie, et l'homme fut un être animé, vivant.

REFRAIN PAR TOUS: *Que tes œuvres sont belles, que tes œuvres sont grandes,*
Seigneur, Seigneur, tu nous combles de joie. (bis)

b) *Création de la nature (2, 8-19)*

> Yahvé Dieu planta un jardin en Eden, à l'Orient, et il y plaça l'homme qu'il avait formé. Yahvé Dieu fit pousser du sol toutes sortes d'arbres agréables à voir et bons à manger; l'arbre de vie était au milieu du jardin. Yahvé Dieu plaça l'homme dans le jardin d'Eden pour le cultiver et le garder. Yahvé Dieu dit: «Il n'est pas bon que l'homme soit seul, je veux lui faire une aide semblable à

lui.» Alors Yahvé Dieu forma du sol toutes les bêtes sauvages et tous les oiseaux du ciel; il les conduisit vers l'homme pour voir quel nom il leur donnerait, pour que tout animal porte le nom que l'homme allait lui donner.

REFRAIN PAR TOUS: *Que tes œuvres sont belles, que tes œuvres sont grandes,*
Seigneur, Seigneur, tu nous combles de joie. (bis)

c) *Création de la femme (2, 20-22)*

L'homme donna des noms à tous les animaux des champs, aux oiseaux des cieux, à toutes les bêtes sauvages, mais pour l'homme, il ne se trouva pas d'aide qui lui corresponde. Yahvé Dieu fit alors tomber sur l'homme un profond sommeil pour qu'il s'endorme, il prit une de ses côtes et refer-ma la chair à sa place. Avec la côte qu'il avait prise à l'homme, Yahvé Dieu fit une femme, et il vint la présenter à l'homme.

REFRAIN PAR TOUS: *Que tes œuvres sont belles, que tes œures sont grandes,*
Seigneur, Seigneur, tu nous combles de joie. (bis)

d) *La rencontre (2, 23-25)*

L'homme déclara: «Voici enfin l'os de mes os et la chair de ma chair, elle sera appelée femme parce qu'elle a été tirée de l'homme.» C'est pourquoi l'homme quitte son père et sa mère, il s'attache à sa femme et ils ne font qu'une seule chair. Or, ils étaient nus tous les deux, l'homme et sa femme, et ils n'en avaient point honte.

Que tes œuvres sont belles, que tes œu-vres sont grandes,
Seigneur, Seigneur, tu nous combles de joie. (bis)

Ou encore, on pourrait chanter le Psaume 104 (103).

Dé-création

Alors que nous entrons dans un nouveau millénaire, nous sommes invités par Jean-Paul II à «purifier nos mé-moires», à regarder bien en face le mal qui a été fait par tous les humains, non pas pour nous décourager, mais pour re-connaître le mal et ainsi éviter de le reproduire. Voici l'appel solennel de Jean-Paul II dans sa bulle inaugurant le Jubilé:

> Comme Successeur de Pierre, je demande que, en cette année de miséricorde, l'Église, forte de la sainteté qu'elle reçoit de son Seigneur, s'age-nouille devant Dieu et implore le pardon des péchés passés et présents de ses fils. Tous ont péché et personne ne peut se dire juste devant Dieu. Que l'on redise sans crainte: «Nous avons péché», mais que l'on maintienne vivante la cer-titude que «là où le péché s'est multiplié, la grâce a surabondé»! (*I.M.* n° 11)

Avec le Saint-Père, avec toute l'Église, avec tous les hom-mes de bonne volonté, mettons-nous à genoux et deman-dons pardon.

Tous se mettent à genoux; on diminue l'éclairage. Divers lecteurs proclament les invocations suivantes:

Seigneur, tu nous as donné la terre, belle comme un jardin, avec ses animaux et ses plantes. Mais, par notre négligence, par notre besoin exagéré de confort, par l'exploitation exagérée de la terre et de la mer, des champs et des forêts, par notre usage des pesticides et par notre surconsommation, nous avons saccagé ta création. Seigneur, nous avons péché, pardonne-nous.

Tous: *Seigneur, nous avons péché, pardonne-nous.*

Seigneur, tu as mis ton propre souffle dans l'être humain pour qu'il soit un être vivant. Mais nous avons attaqué sa vie de bien des façons. Nous avons détruit la vie par nos guerres et toutes nos violences. Nous nous sommes fermés à la souffrance des autres par notre indifférence et notre individualisme. Seigneur, nous avons péché, pardonne-nous.

Tous: *Seigneur, nous avons péché, pardonne-nous.*

Seigneur, tu as créé l'être humain homme et femme; tu nous as faits pour la rencontre, l'amour, la communion. Mais, par nos paroles, nous avons souvent contribué à éloigner les personnes les unes des autres; nous avons semé le soupçon, l'indifférence, les préjugés. Nous avons trop souvent dressé l'homme contre la femme, les races les unes contre les autres. Nous avons écarté et méprisé des minorités. Nous avons exploité ou laissé exploiter les plus faibles. Nous voyons trop souvent la parabole du riche et du pauvre Lazare se réaliser sous nos yeux, les uns souffrant de trop manger pendant que des populations entières meurent de faim. Seigneur, nous avons péché, pardonne-nous.

Tous: *Seigneur, nous avons péché, pardonne-nous.*

Prenons le temps maintenant d'examiner plus particulièrement notre vie personnelle.

— Pardon, Seigneur, pour ces préjugés, ce mépris, cette méfiance, que je traîne toujours.

— Pardon pour les paroles que j'ai dites et qui ont contribué à éloigner les personnes les unes des autres.

— Pardon pour mes silences, pour ma peur de dénoncer le mal, de prendre la défense des petits, des sans-voix.

— Pardon pour mes gestes de violence, d'exploitation, de gaspillage.

— Pardon pour ce qui est le péché le plus grave, celui de ne rien faire:

«J'ai eu faim, et vous n'avez rien fait; j'étais malade, et vous n'avez rien fait; j'étais en prison, et vous n'avez rien fait; j'étais un étranger, et vous n'avez rien fait.» (Mt 25, 40-43)

Re-création

Levons-nous, frères et sœurs, car il vient dans notre temps, Celui qui peut nous guérir et nous recréer.

On apporte alors devant l'autel une icône du Christ, ou le cierge pascal.

De l'Apocalypse de saint Jean (21, 1-7)

Alors, moi Jean, j'ai vu un ciel nouveau et une terre nouvelle, puisque le premier ciel et la première terre avaient disparu. J'ai vu la Cité sainte, Jérusalem, qui descendait du ciel, d'auprès de Dieu, toute parée comme la fiancée qui se fait belle pour son époux. Et j'ai entendu une voix puissante qui sortait du trône. Elle disait: «Voici la demeure de Dieu avec les hommes; ils seront son peuple, et lui, Dieu, sera Dieu-avec-eux. Il essuiera toute larme de leurs yeux; il n'y aura plus de mort désormais, plus de deuil, de cris ou de peines, car l'ancien monde s'en est allé.»

Alors, celui qui siège sur le trône déclara: «Voici que je fais toutes choses nouvelles. Je suis l'Alpha et l'Oméga, le commencement et la fin. Celui qui a soif, je lui donnerai de la source de vie, gratuitement. Telle sera la part du vainqueur; et je serai son Dieu, et lui sera mon enfant.»

Un lecteur proclame:

(Chacun lève ses mains.)

Voici nos mains Seigneur, recrée-les; qu'elles soient des mains pleines d'amour pour ta création, des mains qui bâtissent une terre juste et belle.

(Chacun pose les mains sur son cœur.)

Voici nos cœurs Seigneur; recrée-les; qu'ils deviennent des cœurs de chair, capables d'aimer, d'être touchés par la souffrance des autres, capables d'un pardon qui permet de repartir ensemble.

(Chacun descend les mains le long des jambes.)

Voici nos jambes Seigneur; recrée-les; nous sommes si souvent paralysés par l'indifférence. Guéris-nous, que nous puissions marcher les uns vers les autres, libérés de toute peur.

Notre Père...

La célébration se termine par le pardon sacramentel, ou, si ce n'est pas possible, par un geste de paix.

REFRAIN PAR TOUS: *Que tes œuvres sont belles, que tes œuvres sont grandes,*
Seigneur, Seigneur, tu nous combles de joie. (bis)

JOUR DE L'AN
(1er JANVIER 2001)

La liturgie nous invite en ce jour à nous tourner vers celle qui a accueilli le Christ dans notre chair, inaugurant ainsi «l'ère de l'Évangile». Elle fait partie de l'Église, elle est toujours là, nous faisant partager sa foi, sa découverte du Christ, son pèlerinage dans le temps et dans la nuit des questions, enfin, la joie de son Magnificat. Voici une prière à la «Vierge du millénaire» qui pourrait être faite à l'intérieur de la liturgie eucharistique.

Prière à la Vierge du millénaire

Avec les siècles qui nous précèdent
et ceux qui nous suivent,
avec le millénaire qui finit et celui qui commence,
nous te disons:

> Réjouis-toi, Marie, femme de notre race,
> en qui Dieu se donne à nous.
> Marie, mère du Jour, Mère du Christ,
> ouvre nos cœurs à sa lumière.
> Marie, Mère de la nuit,
> Mère de la foi qui cherche,
> toi qui au début des temps nouveaux
> devins la mère de notre foi,
> prends-nous par la main,
> prends-nous par le cœur

quand rôdent autour de nous
le doute et la détresse.
Sois la joie de notre quotidien.
Sois la foi debout dans nos souffrances.
Sois notre paisible espérance
à l'heure de notre mort
pour nous conduire vers notre Dieu
et notre Père. *Amen.*

(Georges Madore, *Marie, un nouveau regard*, Fides, 1997, p. 118, avec autorisation de l'éditeur.)

⑦

CLÔTURE OFFICIELLE DE L'ANNÉE SAINTE
(ÉPIPHANIE — 7 JANVIER 2001)

Les lectures d'aujourd'hui nous présentent une leçon d'histoire. C'est que, très souvent, les grands changements n'arrivent pas d'où on l'avait prévu ni comme on l'avait prévu.

Ainsi, l'évangile de cette fête oppose Jérusalem à Bethléem. Jérusalem, c'est la capitale, le centre du pouvoir civil et religieux. Bethléem par contre est, selon le mot du prophète, «le plus petit village de Judée». Pourtant, c'est de Bethléem-Ephrata (littéralement Bethléem-la-féconde) que sortira le Messie qui transformera le monde. L'épître d'aujourd'hui nous parle de l'apôtre Paul, à l'origine un pharisien sévère, ennemi des chrétiens. Qui aurait cru qu'il deviendrait le grand apôtre des païens, le grand théologien qui a su articuler mieux que tous la grande nouveauté du Christ?

Voyons comme cela est vrai aujourd'hui encore.

— Qui aurait prédit la chute du mur de Berlin?

— Qui aurait pensé que la démocratie en Afrique du Sud viendrait par un prisonnier sur une île, Nelson Mandela?

— Qui aurait pensé qu'un modeste réseau au service de quelques universités deviendrait une «toile» reliant toute la planète, un moyen de communication qui bouleverserait même nos habitudes d'achat?

Dieu agit le plus souvent de façon modeste, à travers d'humbles commencements, à travers des personnes ordinaires. Durant l'année jubilaire, nous avons posé des gestes, à la mesure de nos ressources. Mais ces gestes ont leur fécondité. Rappelons-nous Bethléem-la-féconde, d'où est sorti il y a 2000 ans le Sauveur du monde, et osons croire à la fécondité de nos humbles projets. C'est en y croyant que nous voulons garder un mémorial de cette année jubilaire.

Geste

Chers amis, le nouveau millénaire n'aura de nouveauté que la nôtre! C'est en nous transformant nous-mêmes que nous transformons le temps que nous habitons. Au cours de l'année, nous avons voulu poser des gestes qui contribueront, à leur modeste façon, à changer le monde. Nous avons voulu partager notre pain et notre espérance. Pour qu'on n'oublie pas ces efforts, nous voulons placer dans notre église un mémorial de l'Année sainte.

Le mémorial du Jubilé peut être de diverse nature: une pièce d'art, un tableau ou un orgue restauré. Voici deux suggestions:

1. *Si, au début de l'année, on a installé dans l'église une «croix du millénaire», on peut maintenant installer cette croix dans son emplacement définitif. On pourrait inviter les membres de la communauté à signer un long parchemin qui est alors inséré dans le socle de la croix.*

2. *On pourrait aussi inaugurer une plaque commémorative du millénaire. On pourrait y lire par exemple:*

Nous, de la communauté de (nom de la communauté), avons voulu faire de l'Année sainte 2000 une porte ouverte vers la nouveauté qu'apporte le Christ dans notre monde. C'est pourquoi nous avons voulu partager notre pain et notre espérance dans les projets suivants (liste des principaux projets). Nous avons voulu ainsi être des étoiles dans la nuit, pour aider dans leur marche tous les humains. Que Dieu bénisse nos efforts et les rende féconds dans le nouveau millénaire.

⑧

DEUX LITURGIES DOMESTIQUES

Idéalement, on pourrait vivre ces liturgies familiales la veille ou la journée du Nouvel An. Mais elles peuvent facilement se faire à un autre moment, dans les premiers jours de l'An 2000.

BÉNÉDICTION DES CALENDRIERS

Nous reprenons ici le rite décrit ci-dessus, mais dans un contexte familial. Ce rite pourrait s'insérer à la fin du repas du jour de l'An. La famille se réunit autour de la table. Sur celle-ci, on a disposé un gâteau avec 20 chandelles, représentant les 20 siècles depuis la naissance du Christ.

On commence par chanter un cantique de Noël, puis on lit cet extrait de la lettre de Paul aux Galates (cf. liturgie du 1er janvier, 2e lecture).

> Frères, lorsque les temps furent accomplis, Dieu a envoyé son Fils; il est né d'une femme, il a été sujet de la Loi de Moïse pour racheter ceux qui étaient sujets de la Loi et pour faire de nous des fils. Et voici la preuve que vous êtes des fils: envoyé de Dieu, l'Esprit de son Fils est dans nos cœurs, et il crie vers le Père en l'appelant «Abba!»

Alors, à tour de rôle, parents et enfants prennent en main un vieux calendrier ou un vieil agenda et ils font une prière; ils disent merci pour ce qu'ils ont vécu de beau au cours de l'an-

née qui s'est terminée. Ils demandent pardon pour des gestes ou des paroles qui ont «sali» le temps passé.

Puis, on dépose les vieux calendriers dans un contenant de métal et on les brûle en faisant une prière, par exemple:

Seigneur, nous ne voulons pas entrer dans le nouveau millénaire en y traînant les erreurs et les blessures du passé. Nous t'en prions. Pardonne-nous toutes nos fautes. Viens maintenant transformer notre cœur. Car c'est seulement si nous sommes nous-mêmes renouvelés après toi, que le millénaire lui-même pourra être un temps où émerge du neuf.

On fait alors entendre une musique douce. Chacun garde le silence et prie individuellement, disant merci pour ce temps neuf qui nous est offert, demandant à Dieu de l'accompagner dans le nouveau millénaire.

Puis, chacun prend en main son calendrier ou son agenda neuf. Un des parents fait alors la prière suivante:

Dieu notre Père, c'est toi qui nous donnes ce millénaire tout neuf. Dans nos calendriers et nos agendas, nous allons inscrire nos activités et nos rendez-vous. Nous te prions: bénis nos calendriers et nos agendas. Qu'ainsi, ce temps nouveau soit béni par toi. Qu'il soit rempli de ta paix et de ton amour. (*On trace le signe de croix ou on asperge avec de l'eau en disant:*) Au nom du Père, et du Fils et du Saint-Esprit. *Amen.*

Les parents imposent les mains aux enfants en disant cette bénédiction extraite de la première lecture de la messe du jour de l'An:

Que le Seigneur te bénisse et te garde!
Qu'il fasse briller sur toi son visage,
qu'il t'apporte la paix.

*On allume alors les 20 chandelles sur le gâteau, on chante,
le plus jeune souffle les chandelles, et on partage le gâteau.*

LITURGIE DU MEZOUZAH

Explication

Il existe chez nos frères juifs la tradition du mezouzah
(littéralement: montant de porte). Il s'agit d'une petite boîte
de bois ou de pierre d'environ 3 x 12 centimètres. On y in-
sère un petit manuscrit sur lequel sont écrits deux passages
du Deutéronome (6, 4-9 et 11, 13-21). Cette boîte (le
mezouzah) contenant le texte biblique est alors fixée sur le
cadre de la porte principale de la maison. Le dessus est orné
de la lettre *shîn*, première du mot hébreu *Shaddaï*, le Tout-
Puissant. Cette tradition s'inspire des versets suivants de la
Bible:

> Écoute Israël, le Seigneur notre Dieu est l'Unique. Tu
> aimeras le Seigneur ton Dieu de tout ton cœur, de toute
> ton âme et de toute ta force... Que ces paroles que je te

Mezouzah traditionnel

dicte aujourd'hui restent dans ton cœur... tu les répéteras à tes enfants... tu les inscriras sur les poteaux de ta maison et sur tes portes (Deutéronome 6, 4-9).

Un des symboles importants du Jubilé est celui de la porte. Le rituel du mezouzah peut ici prendre un sens renouvelé: par ce rituel, nous ouvrons la porte à Dieu, à sa présence et à sa parole, pour qu'il nous accompagne dans le nouveau millénaire. En fixant le mezouzah à la porte, nous déclarons notre désir de vivre ce temps nouveau dans la nouveauté de l'Esprit Saint.

Préparation de la célébration

On aura au préalable préparé la petite boîte. On peut s'en procurer dans certaines villes où existe une librairie hébraïque. Ou elle pourra être fabriquée par un membre de la famille ou un ami artisan, en bois, en fer ou en céramique. On peut en faire une rapidement en fixant un petit tube sur une planchette. On peut alors orner le dessus du chiffre 2000 et d'une petite croix.

On aura aussi écrit à la main, sur un beau papier, le texte biblique choisi. Voici une sélection de textes, en plus du texte ci-dessus, parmi lesquels on pourra choisir.

Ézéchiel 36, 26-28:

Le Seigneur dit: «Je vous donnerai un cœur nouveau, je mettrai en vous un esprit nouveau. J'enlèverai votre cœur de pierre, et je vous donnerai un cœur de chair. Je mettrai en vous mon Esprit: alors vous suivrez mes lois, vous observerez mes commandements et vous y serez fidèles. Vous serez mon peuple, et moi, je serai votre Dieu.»

Michée 6, 8:

On t'a fait savoir, ô homme, ce qui est bien, ce que le Seigneur attend de toi; rien d'autre que ceci: accomplir la justice, aimer la bonté et marcher humblement avec ton Dieu.

Jean 13, 34-35:

Au cours du dernier repas, Jésus dit à ses disciples: «Je vous donne un commandement nouveau: c'est de vous aimer les uns les autres. Comme je vous ai aimés, vous aussi, aimez-vous les uns les autres. Ce qui montrera à tous que vous êtes mes disciples, c'est l'amour que vous aurez les uns pour les autres.»

Colossiens 3, 12-15:

Frères et sœurs, puisque vous avez été choisis par Dieu, que vous êtes ses fidèles et ses bien-aimés, revêtez votre cœur de tendresse et de bonté, d'humilité, de douceur, de patience, supportez-vous mutuellement, et pardonnez si vous avez des reproches à vous faire. Agissez comme le Seigneur: il vous a pardonné, faites de même. Par-dessus tout cela, qu'il y ait l'amour: c'est lui qui fait l'unité dans la perfection. Et que, dans vos cœurs, règne la paix du Christ, à laquelle vous avez été appelés pour former en lui un seul corps.

Déroulement

Tous sont rassemblés autour de la table. Pendant qu'on chante un cantique de Noël, on dispose sur la table les principaux personnages de la crèche.

On fait lecture de Luc 2, 16-18:

> Quand les bergers arrivèrent à Bethléem, ils découvrirent Marie et Joseph, avec le nouveau-né couché dans une mangeoire. Après l'avoir vu, ils racontèrent ce qui leur avait été annoncé au sujet de cet enfant.

À la manière des bergers, les membres de la famille partagent sur ce qu'ils ont entendu de Jésus, à travers leurs amis, leurs parents, la télé. Chacun dit qui est Jésus pour lui.

On fait lecture de Luc 2, 18-19:

> Tout le monde s'étonnait de ce que racontaient les bergers. Marie, cependant, retenait tous ces événements et les méditait dans son cœur.

On fait jouer un air de Noël. Pendant ce temps, chacun prie la Vierge intérieurement, demandant sa foi pour mieux comprendre les événements de sa propre vie et ceux de la vie de Jésus.

On lit le texte écrit sur le manuscrit. Puis, chacun signe à l'endos du manuscrit pour signifier son engagement à vivre selon ces paroles. Alors, l'aîné de la famille fixe le mezouzah au seuil de la porte. Pendant ce temps, on lit:

Lecture de l'Évangile de Jean

Jésus dit: «Je suis la porte. Celui qui entrera par moi sera sauvé; il pourra entrer et sortir, il trouvera sa nourriture.» (Jean 10, 9)

On termine la célébration en chantant ou en partageant un goûter.

⑨

À L'OCCASION DES BAPTÊMES
AU COURS DE L'AN 2000

Pourquoi ne pas souligner de manière spéciale la naissance des enfants au cours de l'An 2000? Voici une «lettre» à un enfant né en l'An 2000. On pourra la lire au cours de la célébration ou, mieux encore, l'imprimer sur un beau papier pour la remettre à chacun des «enfants du millénaire».

À TOI QUI GRANDIRAS
DANS UN NOUVEAU MILLÉNAIRE...

Cher (nom de l'enfant),
c'est dans un nouveau millénaire que tu grandiras.
Le monde dans lequel tu entres
n'est pas des plus beaux.
Nous l'avons sali et abîmé
par nos bombes et nos canons,
par nos déchets et nos gaspillages.
Mais tu verras,
il est encore plein de couleurs et de beautés.
Pour nous, te mettre au monde
est un grand acte de confiance.
Confiance en la nature forte et généreuse;
confiance en l'être humain doué d'intelligence;

confiance dans le Créateur de qui tout vient.
Et surtout, confiance en l'amour.

Oui, cher (nom), il faut croire en l'amour:
il est capable de guérir les blessures les plus profondes,
d'éclairer les nuits les plus noires,
d'abattre les murs les plus hauts.

Par la force de l'amour,
Dieu, un jour, est devenu un petit bébé comme toi
et toi, aujourd'hui, tu es devenu son enfant.

Bienvenue (nom),
Bienvenue dans notre monde.
Bienvenue dans notre amour.
Bienvenue dans le nouveau millénaire.

⑩

DÉMARCHE D'ACTIVITÉ-RÉFLEXION AVEC LES JEUNES
(EMBARQUEMENT POUR LE NOUVEAU MILLÉNAIRE)

Cette activité vise à aider des jeunes à réfléchir ensemble autour de l'événement du millénaire, à partir des valeurs privilégiées par le Jubilé. Elle se déroule autour du symbole du voyage.

On pourrait au préalable décorer le local avec des posters d'agences de voyage.

VOYAGE OBLIGATOIRE!
(EXPLICATION DU SENS DE LA DÉMARCHE)

Chers amis, avez-vous déjà pensé que vos parents ne vous ont jamais demandé la permission de vous mettre au monde? Vous n'avez choisi ni vos parents, ni votre race, ni votre sexe, ni votre époque: ce fameux millénaire, l'An 2000, c'est un voyage dans lequel vous êtes embarqués sans l'avoir choisi. C'est comme si on vous avait fait monter dans un avion et qu'on vous avait forcés à faire le voyage! Devant cela, vous auriez quel choix?

— Je n'aime pas ce voyage. Alors, je saute dehors sans parachute, ou je maugrée tout le temps, ne trouvant rien à mon goût, critiquant tout.

— Je n'ai pas choisi ce voyage, mais je décide de le choisir, de voir ce voyage comme un cadeau et un projet. Comme

un cadeau, puisque ce n'est pas moi qui ai fait l'avion —
pour nous, c'est la terre. Comme un projet, parce que ce
voyage sera d'autant plus agréable que nous travaille-
rons ensemble.

Que faire devant le nouveau millénaire? Que faire devant ce grand voyage qui nous est offert? C'est ce à quoi nous
allons réfléchir ensemble maintenant.

FAITES VOS BAGAGES!

Par petites équipes, les jeunes dressent la liste de tout ce
qu'ils aimeraient emporter. On pourrait aussi remettre à chaque équipe un grand carton qui représente leur valise et sur
lequel les jeunes collent des dessins d'objets, ou les dessinent.

En plénière, ils partagent sur leur «valise», puis discu-
tent sur les points suivants:

— Dans tout ce que nous avons:
>   Qu'est-ce qui est agréable seulement?
>   Qu'est-ce qui est plutôt utile?
>   Qu'est-ce qui est vraiment essentiel?

— Pourquoi sommes-nous attachés à tant de choses?

— Qu'est-ce qui est vraiment nécessaire pour être heureux?

Tous les jeunes ensemble doivent s'entendre sur le contenu d'une unique valise...

ÊTES-VOUS VACCINÉS?

Il y a bien des «virus», des «microbes» dans notre monde!

En atelier, les jeunes partagent alors sur ce qui leur semble les menaces les plus graves pour le prochain millénaire,

tant dans leur pays qu'ailleurs. Ils peuvent le faire soit en dépouillant des journaux dont ils découpent des articles ou des photos, soit en les écrivant tout simplement sur des feuilles de papier.

Puis, en plénière, chaque équipe apporte les «virus» qu'elle a découverts. On fait ensuite les activités suivantes:

— Faire la liste de tous les «virus» qui risquent de nous contaminer au cours de notre voyage dans le prochain millénaire.

— Comment pouvons-nous nous défendre contre cela?

— Qui est responsable de préparer les «vaccins» contre ces maux?

— L'Évangile nous propose-t-il des remèdes? Comment le Christ peut-il nous «sauver» de ces maladies?

— On peut alors écouter une chanson populaire évoquant ces problèmes. Après, on écoute une musique calme. On se passe de main à main une icône de Jésus ou un petit crucifix; chacun le garde dans ses mains quelques secondes, le temps d'une prière personnelle pour demander au Seigneur de le protéger de tel virus...

CHOISISSEZ VOTRE COMPAGNIE!

Nous partons donc pour un voyage dans un nouveau millénaire.

— Quels sont les groupes que nous risquons d'exclure du voyage?

— Comment faire pour que tous aient leur part dans ce voyage? Pour que personne ne soit exclu de la nourriture, de l'éducation, de la justice, d'un emploi, pendant ce voyage dans le nouveau millénaire?

— Choisir un compagnon de voyage, c'est-à-dire un groupe de personnes dans notre école ou notre municipalité auquel nous accorderons plus d'attention et que nous essaierons de mieux accueillir dans notre voyage vers le nouveau millénaire.

On peut alors écouter une chanson comme «Aimez-vous les uns les autres» d'Enrico Macias.

SORTEZ VOS CARTES ET VOS GUIDES!

Dans un voyage, il faut de bonnes cartes routières ou de bons guides pour savoir où on s'en va.

En équipe ou en plénière:

— On énumère tous les guides qui s'offrent à nous pour diriger notre voyage dans le nouveau millénaire: les scientifiques, les hommes d'affaires, les politiciens, les vedettes du sport ou de la chanson, des chefs religieux.

— Qui devrions-nous choisir comme «guides» pour notre voyage dans le millénaire?

— Mon guide personnel, ce sera qui?

— On pourrait alors écrire une lettre au guide choisi, lui disant pourquoi nous l'avons choisi, ce que nous attendons de lui, ce que nous sommes prêts à faire pour l'aider.

On remet alors à chaque participant son «passeport pour le millénaire». Ce peut être tout simplement une feuille de papier pliée en quatre, pour faire un feuillet. Voici le contenu de ce feuillet:

Page 1:

page couverture sur laquelle on peut imprimer les trois éléments suivants:

— le mot UNIVERS en majuscules,
— le dessin d'un globe terrestre,
— puis le mot: passeport.

Page 2:
le texte suivant, bien encadré:

Le Créateur de l'univers
prie toute autorité
visible et invisible
de bien vouloir accorder libre passage
au titulaire de ce passeport
de même que les facilités et la protection
dont il aurait besoin
lors de son voyage
dans le nouveau millénaire.

Page 3:
un endroit pour coller la photo de la personne,
et le texte suivant, avec des lignes vides pour y écrire les rensei-
gnements personnels:

Nom:
Prénom:
Date de naissance:
Adresse: (rue et ville)
Pays d'origine:
Planète d'origine:
Galaxie d'origine:

Page 4:

Je, (nom)
m'engage à voyager dans le nouveau millénaire
— en respectant le vaisseau spatial «Terre», ainsi que les
   êtres vivants qui l'habitent,

— en accueillant dans mon amitié et mon estime mes com-
   pagnes et compagnons de voyage,

— en m'engageant à faire ma part pour rendre le voyage
   agréable et profitable pour tous.

Que Dieu me vienne en aide!

Signé:

Ce passeport pourrait aussi contenir des pages blanches
sur lesquelles les amis ainsi que les autres membres de la classe
pourraient signer.

(11)

ANNONCIATION DU SEIGNEUR
(25 MARS 2000)

Cette fête devrait occuper une place centrale dans l'année jubilaire. D'une part, elle célèbre le commencement de toute l'histoire chrétienne: le jour où le Fils éternel de Dieu s'est fait chair et est devenu l'un de notre race. D'autre part, nos yeux se tournent vers celle qui a su l'accueillir dans la foi la plus parfaite, «la première en chemin» dans la foule immense de ceux et celles qui ont voulu ouvrir leur vie au Christ pour qu'il l'habite et la transforme. Marie demeure à jamais le modèle de l'accueil parfait de l'Absolu dans l'histoire humaine.

En plus de souligner cette fête liturgiquement, on peut en faire un moment privilégié de réflexion sur le don de la vie. Pourquoi ne pas organiser une table ronde ou une conférence sur les nouveaux défis éthiques que posent les questions suivantes: euthanasie, manipulation génétique, droits du fœtus.

(12)

BIMILLÉNAIRE
DE LA NAISSANCE DE JEAN-BAPTISTE
(24 JUIN 2000)

Eh oui, il ne faudrait pas l'oublier: il y a 2000 ans, naissait le grand prophète, celui qui a révélé la présence du Christ parmi nous, celui aussi que les autorités ont voulu faire taire parce qu'il dérangeait. Au-delà des célébrations liturgiques, cet événement représente une belle occasion pour réfléchir sur les points suivants:

1. Le sens de la mission dans notre monde: alors qu'aujourd'hui on se veut respectueux de toutes les religions, il est facile de conclure qu'elles se valent toutes... Quel est le sens de la mission aujourd'hui? Comment nos propres sociétés chrétiennes sont devenues «pays de mission»? Comment répondre à ce nouveau défi?

2. De par le monde, on essaie de bâillonner ceux qui dénoncent les injustices, l'exploitation des pauvres. Plusieurs journalistes ont payé de leur vie leurs efforts de dire la vérité. À l'occasion de cette fête, on pourrait avoir une activité visant à mieux comprendre l'importance du droit de parole et de son exercice dans notre pays et dans d'autres. On pourrait, comme groupe ou communauté, signer des pétitions pour dénoncer les gouvernements qui entravent la liberté d'expression.

ANNEXE 2

CALENDRIER
DES ACTIVITÉS OFFICIELLES
DU GRAND JUBILÉ
À ROME ET EN TERRE SAINTE

CALENDRIER DES ACTIVITÉS OFFICIELLES
DU GRAND JUBILÉ
À ROME ET EN TERRE SAINTE

Jean-Paul II a voulu que tant Rome que la Terre Sainte soient des lieux privilégiés de pèlerinage et d'activités au cours du Jubilé. Il met ainsi en valeur les lieux traditionnels de pèlerinage chrétien. Nous donnons ici la liste des principaux événements qui se dérouleront à l'un et à l'autre endroit.

☺ = activités pour un groupe précis
✚ = célébrations liturgiques
✈ = autres événements
✡ = événements se déroulant en Terre Sainte

DÉCEMBRE 1999

24 vendredi

✚ Nativité du Seigneur; ouverture de la porte sainte de la basilique Saint-Pierre.

✡ Ouverture du Jubilé à Jérusalem et à Bethléem.

25 samedi

✚ Ouverture des portes saintes de Saint-Jean-de-Latran et de Sainte-Marie-Majeure.

✚ Ouverture du Jubilé en Terre Sainte et dans les Églises locales du monde entier.

31 vendredi

✈ Veillée de prière pour le passage à l'An 2000, à la basilique Saint-Pierre.

✡ À Jérusalem (Gethsémani), veillée de prière interrituelle.

JANVIER 2000

2 dimanche

☺ Jubilé des enfants, basilique Saint-Pierre.

6 jeudi

✚ Épiphanie du Seigneur. Ordinations épiscopales, basilique Saint-Pierre.

7 vendredi

✡ Baptême du Christ, pèlerinage interrituel au Jourdain.

9 dimanche

✚ Fête du Baptême du Seigneur. Célébration du sacrement du baptême pour les enfants.

16 dimanche

✡ Cérémonie de mariage à Cana.

18 mardi

✚ Début de la Semaine de prière pour l'unité des chrétiens. Ouverture de la porte sainte de Saint-Paul-hors-les-murs.

✈ Célébration œcuménique.

28 vendredi

✚ Saint Éphrem. Divine liturgie en rite syro-oriental (chaldéens et malabars).

FÉVRIER 2000

2 mercredi

☺ Jubilé de la vie consacrée. Fête de la Présentation du Seigneur.

9 mercredi

✚ Saint Maroun. Divine liturgie en rite syro-antiochien (maronites).

11 vendredi

☺ Jubilé des malades et du personnel de la santé.
✚ Notre-Dame-de-Lourdes. Célébration du sacrement de l'onction des malades à Rome et en Terre Sainte.

18 vendredi

☺ Bienheureux Fra Angelico. Jubilé des artistes.

20 dimanche

☺ Jubilé des diacres.

22 mardi

☺ Jubilé de la Curie romaine.

25 vendredi — 27 dimanche

✈ Congrès d'étude sur la mise en œuvre du Concile œcuménique Vatican II.

MARS 2000

5 dimanche

✈ Béatification et canonisation.

8 mercredi

✚ Mercredi des Cendres. Demande de pardon (portant sur l'antijudaïsme chrétien).

12 dimanche

✡ Messe en présence du patriarche latin au Saint-Sépulcre.

20 lundi

☺ Saint Joseph. Jubilé des artisans.

25 samedi

✡ Annonciation. Célébration à Nazareth en liaison avec les principaux sanctuaires mariaux du monde: pour souligner la dignité de la femme.

AVRIL 2000

5 mercredi

✡ Pèlerinage à la Flagellation, à Jérusalem.

10 lundi

☺ Jubilé des migrants, des réfugiés et des expatriés.

16 dimanche des Rameaux

✡ Procession au Saint-Sépulcre et à Betphagé.

18 mardi

✚ Mardi saint. Célébration communautaire du sacrement de pénitence avec absolution individuelle.

22 samedi — 23 dimanche

✚ Veillée pascale. Célébration des sacrements de l'initiation chrétienne des adultes: baptême, confirmation, eucharistie.

MAI 2000

1 lundi

☺ Saint Joseph travailleur. Jubilé des travailleurs.

7 dimanche

✚ Commémoration œcuménique des «nouveaux martyrs», victimes des persécutions du XXe siècle.

14 dimanche

✚ Ordinations presbytérales.

18 jeudi

☺ 80e anniversaire de Jean-Paul II. Jubilé du clergé.

25 jeudi

☺ Jubilé des scientifiques.

JUIN 2000

1 jeudi

✡ Ascension — Messe solennelle au mont des Oliviers.

4 dimanche

☺ Jubilé des journalistes.

10 samedi

✡ Veillée de Pentecôte interrituelle à Jérusalem et pèlerinage au Cénacle.

11 dimanche

✚ Pentecôte. Journée de prière pour la collaboration entre les diverses religions.

18 dimanche — 25 dimanche

✈ Congrès eucharistique international.
✚ Célébration œcuménique, Noisy-le-Grand.

24 samedi

✡ Nativité de saint Jean-Baptiste, messe solennelle à Aïn Karem et pèlerinage à Saint-Jean-du-Désert.

29 jeudi

✡ Fête des saints Pierre et Paul, pèlerinage à Tibériade.

JUILLET 2000

9 dimanche

☺ Célébration du Jubilé dans les prisons du monde entier.

16 dimanche

✡ Notre-Dame-du-Mont-Carmel, messe à Haïfa.

21 vendredi

✡ Fête de saint Élie. Pèlerinage à Al Wahadneh (Jordanie).

AOÛT 2000

5 samedi

✚ Vigile de la Transfiguration du Seigneur. Veillée de prière.

✡ Veillée de prière œcuménique au mont Thabor.

14 lundi

✚ Vigile de l'Assomption. Rite de l'encens de la liturgie copte.

15 mardi

✡ Pèlerinage au tombeau de Marie de Gethsémani.

15 mardi — 20 dimanche

☺ 15es Journées mondiales de la jeunesse.

SEPTEMBRE 2000

3 dimanche

✈ Béatification et canonisation.

8 vendredi

✡ Pèlerinage et messe à la basilique Sainte-Anne, Jérusalem.

10 dimanche

☺ Jubilé des enseignants universitaires.

14 jeudi

✚ Exaltation de la Sainte Croix. Vêpres en rite arménien.

✡ Messe solennelle au Saint-Sépulcre, Jérusalem.

15 vendredi — 24 dimanche

✈ Congrès marial-mariologique international.

17 dimanche

☺ Jubilé du troisième âge.

OCTOBRE 2000

1 dimanche

✚ Fête du pokrov (la Vierge au grand manteau qui protège les fidèles). Liturgie et hymne acathiste en rite byzantin.

3 mardi

✈ Journée pour le dialogue judéo-chrétien.

8 dimanche

☺ Jubilé des évêques. 10ᵉ assemblée générale ordinaire du synode des évêques. Acte de remise du nouveau millénaire à la protection de Marie.

9 lundi

✡ Fête de saint Abraham: rencontre avec les religions monothéistes à Jérusalem.

14 samedi — 15 dimanche

☺ Jubilé des familles. Célébration du sacrement du mariage. 3ᵉ rencontre mondiale du Saint-Père avec les familles.

20 vendredi — 22 dimanche

✈ Congrès missionnaire-missiologique international.

22 dimanche

✈ Journée missionnaire mondiale.

29 dimanche

☺ Jubilé des sportifs.

NOVEMBRE 2000

1 mercredi

✈ Toussaint. Béatification et canonisation.

4 samedi

✚ Célébration en rite ambrosien.

5 dimanche

☺ Jubilé des responsables des affaires publiques.

12 dimanche

☺ Jubilé du monde agricole. Journée de remerciement pour les dons de la création.

19 dimanche

☺ Jubilé des militaires et de la police.

21 mardi

✚ Fête de la Présentation de la Vierge Marie. Liturgie en rite syro-antiochien.

24 vendredi — 26 dimanche

✈ Congrès mondial de l'apostolat des laïcs.

26 dimanche

✡ Fête du Christ-Roi, messe à l'Université de Bethléem.

DÉCEMBRE 2000

8 vendredi

✚ Immaculée Conception. Hymne acathiste (rite oriental).

16 samedi

✚ Célébration en rite mozarabe.

17 dimanche

☺ Jubilé du monde du spectacle.

31 dimanche

✚ Veillée de prière pour le passage au nouveau millénaire.
✡ Veillée de prière interrituelle et procession aux flambeaux à Nazareth.

JANVIER 2001

5 vendredi

✈ Fermeture de la porte sainte des basiliques Saint-Jean-de-Latran, Sainte-Marie-Majeure et Saint-Paul-hors-les-murs. Clôture du Jubilé en Terre Sainte et dans les Églises locales.

6 samedi

✈ Épiphanie. Fermeture de la porte sainte de la basilique Saint-Pierre.
✡ Clôture du Jubilé en Terre Sainte.

Hymne du Jubilé

1. À l'aube du monde
      Ô Dieu Créateur, Artisan de la vie,
      Vainquant la nuit sombre
      Tu fis la lumière et le feu de l'esprit.
      Sagesse féconde,
      Ton œuvre te loue par nos cœurs éblouis.
    Alléluia, que la joie du monde
    Te chante par nos voix.

2. À l'aube du Règne
      Ô Fils bien-aimé, Serviteur des petits,
      Tu donnes un visage
    Au Père des cieux, et chair à l'Infini.
    Agneau sans défense,
    Ton peuple te loue, baptisé en ta vie.
    Alléluia, que la foi du monde
    Te chante par nos voix.

3. À l'aube qui danse,
      Ô Feu de l'amour, Esprit qui unifie,
      Tu fraies des passages,
      Tu brûles nos murs et tu chasses toute nuit.
      Ô Vent qui murmure,
      Le monde te loue par mille poésies.
    Alléluia, que la paix du monde
    Te chante par nos voix.

4. À l'aube naissante
      De ce millénaire, ô Dieu de tous les temps,
      Tu viens en cet âge
      Achever en nous ton œuvre commencée.
    Que notre confiance
    Soit le plus beau chant offert à ton amour.
    Alléluia, que ce millénaire
      Te chante par nos voix.

Georges Madore

Note:

Le texte de l'hymne du Jubilé est de Georges Madore. Il existe une version musicale de cet hymne, sur une mélodie de Denis Bédard, avec arrangement pour quatre voix. Elle sera incluse dans le dossier de l'Avent du diocèse de Montréal, ou on peut toujours se la procurer à l'unité.

Crédits:

Les illustrations des pages 6, 18, 28, 59, 68 sont tirés de : *I Giubilei. Storia degli Anni Santi dal 1300 ai nostri giorni*, a cura di Sergio Nati e Giuseppe Aldo Rossi, Roma, Éditions Montimer, 1999. Tous droits réservés.

Les dessins des pages 24, 25, 49, 61, 71, 73, 99, 117 sont de M. Odilon Demers, s.m.m.

Le logo du Jubilé, reproduit en page couverture et dans le livre, est utilisé avec la permission du Service des éditions de la Conférence des évêques catholiques du Canada, 90, avenue Parent, Ottawa, ON, Canada K1N 7B1. ™ Concacan Inc. Tous droits réservés.

Table des matières

ANNEXE 1

ANNEXE 2

Achevé d'imprimer
en novembre 1999
sur les presses de
Imprimerie H.L.N.

Imprimé au Canada – Printed in Canada